# Sintoniza tu equipo

Cómo pasar de ser jefe a liderar
una orquesta con mucho talento

Madrid, 2024

Sandra Martín García

# Sintoniza tu equipo

## Cómo pasar de ser jefe a liderar una orquesta con mucho talento

Marzo, *2024*

*Sintoniza tu equipo. Cómo pasar de ser jefe a liderar una orquesta con mucho talento*
Sandra Martín García

© 2024, ESIC EDITORIAL
Avda. de Valdenigriales, s/n
28223 Pozuelo de Alarcón (Madrid)
Tel.: 91 452 41 00
www.esic.edu/editorial
@EsicEditorial

ISBN: 978-84-1192-040-7
Depósito Legal: M-5735-2024

Diseño de cubierta: Zita Moreno Puig
Maquetación: Santiago Díez Escribano
Lectura: Balloon Comunicación
Impresión: Gráficas Dehon


Un libro de

Impreso en España – *Printed in Spain*

*Este libro ha sido impreso con tinta ecológica y papel sostenible.*

A mi hijo, mi maestro de vida.

# Índice

# Agradecimientos

Enfrentarse a una hoja en blanco siempre es una tarea difícil, sea lo que sea que tengas que escribir. Es un ejercicio que se realiza en soledad y con un cúmulo de pensamientos revueltos en la cabeza. En este trayecto, agradezco enormemente a algunas personas por haberme ayudado a aclarar mis ideas y animarme a escribir este libro.

La primera persona es Pablo Iturriaga, por las conversaciones que hemos tenido y que me han ayudado a captar el tono y el estilo del libro; por su persistencia y empuje para que no lo abandonara. Gracias a él y su apoyo, he llegado a este punto.

Quiero agradecer a mis amigas, quienes tal vez no sepan que las conversaciones que compartimos son música para mis oídos y me han permitido pulir textos, explorar temáticas y también controlar mis miedos. Ellas son Gisele García, Cristina Márquez y Julia de la Torre.

Agradezco a mis clientes por darme la oportunidad de trabajar para ellos, por confiar en mí y en las propuestas que les he presentado, y que han aceptado. Gracias a la experiencia vivida en sus organizaciones, puedo compartir aprendizajes y vivencias que enriquecen estas páginas.

Por último, agradezco a ESIC por darme la oportunidad de publicar bajo su sello editorial.

# Introducción

¿A qué suena un equipo? Esa es la pregunta con la que quise comenzar este libro. ¿Los equipos suenan? Mi perspectiva es que sí, que lo hacen. Los equipos se escuchan, tienen ritmo, tempo, notas y silencios, tienen melodía y se puede percibir si está afinada.

Tranquilidad, no hace falta saber nada de música para entender esta lectura, bastará con tener algo de ritmo. Haré algunas referencias musicales y utilizaré este ejemplo como metáfora principal, pero fundamentalmente estoy hablando de equipos, de la gestión del talento de las personas y de cómo sacar el máximo rendimiento cuando trabajan juntas.

Creo que es más fácil entender un concepto, una idea, cuando hay algo que sirve de guía, y no hay mejor guía que la música. Desde que la humanidad la descubrió no ha parado de crear formaciones musicales que, con mejor o peor éxito, completaron un recorrido. Los grupos o bandas que han llegado más lejos son las que supieron, además de hacer buena música, ser un gran equipo. Y de eso va esta lectura.

Piensa por un momento en una banda de *rock*, un grupo de flamenco, de *jazz*... o en una orquesta sinfónica. Cada integrante tiene su lugar, su instrumento y su talento. Recuerda algún concierto que para ti haya merecido la pena, seguro que sobre el escenario había un buen equipo. La destreza, la entrega y la capacidad para la música son el equivalente al talento que posee cualquier empleado; las habilidades que se aprenden y van mejorando con el tiempo son los instrumentos. Y la melodía es lo que el equipo sabe hacer en común.

Un excelente saxofonista puede no encajar en una banda de *rock*, pero resultar indispensable en un grupo de *jazz*. De igual forma, alguien con un perfil extremadamente participativo puede parecer un lastre en un equipo basado en los objetivos, pero resultar una mecha de creatividad en otros procesos. Lo importante no es tanto el estilo, sino bailar al mismo son o llevar el mismo ritmo. Si al entrar en una reunión de trabajo el ruido es ensordecedor y desconcertante, probablemente ese equipo no esté afinado; si existe un murmullo sin fin hace falta un solo de trompeta. Si la melodía tiene ritmo y cada instrumento destaca cuando toca, entonces estamos hablando de un equipazo.

A lo largo de esta historia te voy a hablar de tú a tú, en tono didáctico y pasional. Explicaré los que a mi parecer son los retos a los que nos enfrentamos los líderes y cómo podemos integrar los ritmos trepidantes que impone la tecnología. Haré hincapié en que no existe la melodía perfecta, parece una evidencia, pero merece la pena entrar en detalle. Repasaremos juntos algunos de los mejores directores de orquesta: Belbin, Tuckman, Goleman o Lencioni, entre otros. Intentaré acercarte mis conocimientos sobre liderazgo de personas y te pediré que salgas a bailar, exponiendo algunas herramientas (¿debería decir instrumentos?) que me han sido útiles y con las que todavía trabajo cuando quiero crear una canción espectacular. Habrá mucha música, claro, si no este texto no tendría sentido. En Spotify puedes encontrar una *playlist* con la que irte inspirando, a lo largo del texto encontrarás códigos QR que te abrirán la puerta a un mundo de sonidos y melodías, desde Bruce Springsteen hasta la Orquesta Sinfónica de Viena.

Puedes acceder a la *playlist* en Spotify a través de este enlace o escaneando el QR:
https://open.spotify.com/playlist/5qa8F4nQC9qYOTXfYo9TBU

Para acabar este viaje melódico a través de los equipos narraré algunas experiencias donde esta visión me ha dado muy buenos resultados. Son ocasiones en las que me dejé llevar por el ritmo tratando de conseguir melodías convincentes, momentos en los que trabajé duro para afinar a un equipo.

Mi intención no es únicamente explicarte que los equipos suenan, sino enseñarte a interpretar una melodía y cambiar ser jefe por liderar una orquesta.

# 1

## La música que suena en los equipos del siglo XXI

En este primer capítulo quiero centrarme en los ritmos que han llegado a raíz de la tan mencionada transformación digital. Probablemente hayas oído hablar de ella, se repite en los consejos de administración, en los comités de dirección y casi siempre viene acompañada de otros conceptos como inteligencia artificial, industria 4.0, *cloud*, *influencers* o *millennials*. Si algo tengo claro después de decenas de procesos de transformación, es que todo esto no va solo de tecnología.

En la última década han ido aterrizando una serie de innovaciones que han servido a las empresas para mejorar procesos, hacer la vida más fácil a los equipos, posicionarse mejor en el mercado, llegar antes a sus clientes etc. Es lo que se conoce como industria 4.0. Una de las principales consecuencias es que el ritmo ha pasado a ser más rápido, los tiempos más cortos y la resiliencia (porque nadie sabe muy bien a qué atenerse) se ha convertido en la tónica. Con el tiempo la música que nace de los equipos ha mutado, los instrumentos son nuevos y el resultado a veces maravilla y a veces causa estupor.

El concepto *industria 4.0* fue acuñado por Klaus Schwab[1] en el Foro Económico Mundial del año 2016. El autor sostiene que si la tercera revolución industrial fue la digital, en vigor desde mediados del siglo XX con la aparición de Internet como núcleo, esta cuarta época está marcada por avances tecnológicos emergentes en una serie de campos como robótica, inteligencia artificial, cadena de bloques, nanotecnología, computación cuántica, biotecnología, Internet de las cosas o impresión 3D. Klaus lo define como la *segunda era de la máquina*. Estas innovaciones permiten agilizar y humanizar los procesos, en su mayoría (aunque no únicamente) empresariales, a través de la tecnología. Agilizar y humanizar la cadena de valor hace que cualquier organización sea más flexible, más eficaz a la hora perseguir unos objetivos, más resiliente…, pero no necesariamente, como se dice ahora, más *cool*.

A mediados del 2016, la BBC[2] avisaba que los robots integrados en sistemas ciberfísicos serían los responsables de una transformación radical en las organizaciones. En los últimos años esa perspectiva ha mutado hacia un escaparate tecnológico que a veces asombra más que convence, ocupando decenas de titulares en la época del clic. Existen dos certezas y son paradójicas: los datos y la incertidumbre. El análisis de datos ha permitido que las organizaciones den el salto a nuevos mercados, productos o modelos de negocio mucho más rápido y, en consecuencia, todo el panorama sociolaboral se ha transformado radicalmente. Los horarios, la comunicación o la forma de relacionarse con los clientes tanto internos como externos nunca volverán a ser los mismos.

---

[1] Schwab, K. (2016). *La cuarta revolución industrial*. Debate.
[2] Perasso, V. (2016, octubre). Qué es la cuarta revolución industrial (y por qué debería preocuparnos). BBCNews.

## 1.1. DE QUÉ VA ESTA TRANSFORMACIÓN: ALGUNAS CLAVES PARA ENTENDERLA

1. Alemania fue el primer país en incluir la transformación en su agenda de gobierno bajo el nombre de Estrategia de Alta Tecnología.[3] Los países de la Unión Europea que están abordando una estrategia similar lo hacen siguiendo las recomendaciones fijadas por la Comisión Europea, que a su vez tiene en cuenta los Objetivos de Desarrollo Sostenible (ODS) fijados por las Naciones Unidas.

2. La industria 4.0 se basa en sistemas ciberfísicos, que combinan infraestructura física con *software*, sensores, nanotecnología o tecnología digital de comunicaciones. Las máquinas también hacen música, y negarse a compartir la partitura es excluirlas de la melodía.

3. El Internet de las cosas[4] jugará un rol fundamental en el futuro. Compañías como Amazon con Alexa, o Google con sus propios asistentes virtuales buscan facilitar la comunicación entre los dispositivos de una vivienda, una oficina o cualquier espacio y su responsable.

4. Se estima que la actual época industrial permitirá agregar 14,2 billones de dólares a la economía mundial en los próximos 15 años. (Daugherty, P. y Berthon, B., 2015).

5. Este modelo está cambiando el mundo del empleo por completo y afectará a industrias en todo el planeta.

## 1.2. DISTRIBUCIÓN GEOGRÁFICA GLOBAL

Como es lógico pensar, las ventajas de la digitalización han llegado antes y están ofreciendo mayor rentabilidad en aquellos países

---

[3] Daugherty, P. y Berthon, B. (2015). Winning with the Industrial Internet of Things. Accenture. https://www.accenture.com/_acnmedia/Accenture/Conversion-Assets/DotCom/Documents/Global/PDF/Industries_5/Accenture-IoT-Winning-with-the-Industrial-Internet-of-Things.pdf
[4] Schroeder, W. (2017). La estrategia alemana Industria 4.0: el capitalismo renano en la era de la digitalización. Fes-madrid.org. https://fes-madrid.org/la-estrategia-alemana-industria-4-C-el-capitalismo-renano-en-la-era-de-la-digitalizacion/

con mejor situación tecnológica de partida, donde el acceso a Internet o a las plataformas *online* está garantizado y su capital humano posea el talento para manejarlo.

Por zonas, los mercados emergentes de Asia son los que están adoptando cambios de manera más disruptiva y aportando el mayor número de innovaciones. Estados Unidos integra y mejora sustancialmente los desarrollos del continente asiático y los incluye como nadie en el mercado de bienes y servicios optimizando la cadena de valor; los europeos somos los más preocupados en materia de ciberseguridad y el mercado latinoamericano sabe aprovechar las ventajas en el campo del entretenimiento y la comunicación. África sigue esforzándose por hacer llegar Internet a todos los rincones. Más adelante escucharemos algo de música africana.

## 1.3. Y DE REPENTE LLEGÓ EL COVID

Cuando se despertó la crisis sanitaria, la transformación digital pasó de ser una opción a una obligación. Aún queda tiempo para evaluar el impacto del confinamiento y de lo que aquello supuso, pero hemos tenido la oportunidad de ver en vivo y en directo si como empresas y equipos estábamos preparados para sobrevivir en lo virtual.

Los datos dicen que sí lo estábamos. Según algunas encuestas,[5] el porcentaje de personas que teletrabajaron en España fue aumentando hasta superar el 30% durante las semanas que duró el confinamiento (Peiró, J. M. y Soler, A., 2020). Salvo aquellas actividades que requerían presencia física, la mayor parte de los equipos se incorporaron bien a una rutina *online*. Los proyectos se subieron a plataformas en la nube y el café de cada mañana, algo tan de la era analógica, se tomó a través de una pantalla.

---

[5] Peiró, J. M. y Soler, A. (2020). El impulso al teletrabajo durante el COVID-19 y los retos que plantea. *IvieLAB*, 1, 1-10.

Sin embargo, la canción fue corta. Desde entonces el porcentaje de población activa que teletrabaja en España se ha ido reduciendo[6] al 17% en 2021, y al 14% en 2022. Los españoles que teletrabajan al menos la mitad de los días en su casa representaban el 9,6%.

## 1.4. EQUIPOS Y TALENTO EN EL NUEVO PARADIGMA

Resulta útil interiorizar que el rol de los empleados en un mundo donde las máquinas se comunican entre sí es cada vez menos generalista y más especialista. Sobre todo, en el caso de perfiles técnicos y empleados de rango medio. ¿Y cómo afecta esto al empleo? Pues, frente a la extendida opinión de que traerá consigo la destrucción de millones de puestos de trabajo, surgen algunos planteamientos que abogan por la adaptación de los equipos para aportar valor desde otras perspectivas. Hay algo que las máquinas aún no tienen, la creatividad, el auténtico motor de la innovación.

Las perspectivas son complejas y los miedos van evolucionando. En 2016 el 70% de los ejecutivos tenía expectativas positivas sobre la cuarta revolución industrial[7], pero tan solo 6 de cada 10 estaban dispuestos a asumir los riesgos de innovar. En 2020[8], ya con pandemia, la amplia mayoría de los ejecutivos reconocía que innovar era más necesario que nunca. Más de la mitad estaba de acuerdo en que el ritmo de la innovación había aumentado en su país, aunque no está claro aún que en general se le esté sacando todo el potencial.

Los estudios también recogen cierta preocupación por el «darwinismo tecnológico», donde muestran que los trabajadores que no se adapten pueden no sobrevivir. El principal problema es la velocidad

---

[6] Lainformacion.com (2022). Solo un 14% de ocupados teletrabajó en 2022, una media de 3 días a la semana, *La Información*. https://www.lainformacion.com/

[7] Medium. (2016). Barómetro Global de Innovación GE 2016: la nueva revolución industrial. https://gereportslatinoamerica.com/barometro-global-de-innovacion-ge-2016-la-nueva-revolucion-industrial- 117d831824d4

[8] Thurlow, M. y Shann, G. (2020). The GE Innovation Barometer 2020. GE, Dxl. https://www.ge.com/digital/sites/default/files/GE- Innovation-Barometer-2020.pdf

de este cambio que obliga a los equipos a reciclarse y aprender de forma constante. En mi experiencia percibo cierta pereza a la hora de incorporar nuevos planteamientos en todos los sectores. Además, este cambio ha traído reuniones más ágiles, nuevas formas de comunicación, relaciones horizontales y planteamientos internos a los que no todas las organizaciones están sabiendo dar respuesta.

Para empezar a hacer música con la tecnología hay que entender que la transformación se compone del binomio tecnología + personas, donde la tecnología es el medio y las personas el fin. En caso de conflicto, las personas no se pueden sustituir. Este dilema ético solo se puede superar integrando los equipos conocidos como «nuevos», más flexibles, ágiles y con mayor capacidad de innovación, junto a los «viejos». Y esto no tiene nada que ver con la edad, sino con cómo se enfrentan a los desafíos.

En cierta ocasión, me encontraba bailando en un evento del Grupo Universitario de Danza de la Universidad de Alcalá de Henares cuando a los músicos se les cayeron las partituras. Continuamos bailando, y los músicos empezaron a improvisar. No era exactamente la misma canción, pero se adaptaron como pudieron a la situación con lo que tenían. Eso es lo que yo llamo un equipo «nuevo» actualizado, hábil, con capacidad y actitud para hacer frente a los cambios.

A continuación te dejo algunos elementos que caracterizan a este tipo de equipos.

## Han aprendido a tocar *online*

Se trata de talento dificilísimo de conseguir, y de cuidar. Por este motivo es cada vez más frecuente que los empleados que quieren seguir el ritmo se lancen al emprendimiento, o que las empresas que apuestan por la innovación hagan uso de fórmulas como el *outsourcing* o la contratación de *freelance* para cubrir áreas operativas que apoyan la transformación. No todas las organizaciones están preparadas para implementar protocolos virtuales, ya que todavía cuentan con estructuras lógicas y mentales que dificultan confiar en lo que no podemos tocar físicamente. Veamos algunos datos: en 2018, el 48% de los trabajadores estadounidenses (casi uno de cada dos) lo hacía en remoto, en 1995 tan solo eran el 9% del total.[9] En España este porcentaje ha pasado del 4,7% en 2019 al 30% en lo peor de la pandemia, cayendo hasta el 12% dos años después. La tendencia es difícil de prever y las propuestas para hacerlo son muchas. En ocasiones son las propias empresas quienes facilitan a sus empleados la virtualización de su rol, con fórmulas que van desde la media jornada física y media remota hasta la total independencia a cambio de un seguimiento por videoconferencia de su desempeño. Desde el medio especializado Xataka.com[10] detallan que este formato aún no es el mayoritario; en 2012 apenas el 16% de las empresas españolas contaban con empleados en esta modalidad, mientras que ese mismo año, en el conjunto de la Unión Europea, el porcentaje ascendía hasta el 56% de las compañías con diez o más empleados.

Esto nos lleva a una conclusión en clave nacional: falta un liderazgo efectivo de los equipos virtuales y un compromiso de las empresas por descubrir, integrar y cuidar ese talento. El futuro será algo parecido a un concierto entre *youtubers*, en diferentes ubicaciones tocando juntos una misma canción. En principio, si las personas hemos sido capaces de adaptarnos a las cámaras digitales o el WhatsApp, no debería plantear demasiados inconvenientes dar el salto a la nube y las videoconferencias en las relaciones laborales. Pero, como ya digo, no todo el mundo sabe tocar por Internet.

Los líderes se enfrentan a la tarea de coordinar y dirigir estos equipos, donde las tecnologías exigen un extra de compromiso y atención a los detalles. Cualquier mánager que aspire a dirigir un equipo virtual debe focalizarse en conseguir que todas las personas se sientan conectadas y productivas, evitando que los empleados perciban que trabajan desde una isla desierta.

---

[9] La evolución del empleo remoto (2023) Economía TIC. https://economiatic.com/teletrabajo/conceptos-basicos/la-evolucion-del-empleo-remoto/
[10] Such, M. (2020). Tras diez años de teletrabajo, esto puedo decir sobre los mitos y realidad de trabajar desde casa. Xataka.com.

## Sintonizan con su frecuencia y con la de los demás

Sintonizar en los equipos significa estar en la misma frecuencia, conectar con su corazón para ponerse a trabajar en el cambio con la razón. Afrontar los cambios requiere de energía, fuerza, pasión y ganas de pasar a un estadio superior de mentalidad y de enfoque. Es necesario planificar, desaprender, comunicar y formar a las personas, darles herramientas, revisar, modificar y volver a implementar. Las personas que lideran las transformaciones han aprendido a sintonizar con ellas mismas y con los demás.

## Son flexibles, han interiorizado el cambio constante

David Ritter, CEO de Greenpeace Australia/Pacífico, explicaba en una entrevista[11] para el diario británico *The Guardian* que el futuro del empleo estará hecho de «trabajos que no existen, en industrias que usan tecnologías nuevas, en condiciones planetarias que ningún ser humano ha experimentado». En este sentido es interesante el papel de los autores de ciencia ficción, hoy en día la NASA les pregunta sobre cómo ven el futuro y cómo deben desarrollar los trajes espaciales, las naves, etc. A medida que la tecnología avanza y la exploración espacial se vuelve más accesible, la ciencia ficción continúa influenciando la forma en que imaginamos el futuro y nos inspira a seguir explorando los confines del universo.

En algunas ocasiones estas representaciones ficticias han pasado desapercibidas (como es el caso de los coches voladores), pero otras veces aciertan de pleno, como es el caso de *Star Trek*.

El ingeniero de la NASA Harold White estaría trabajando en una nave espacial que permitiría viajar más rápido que la velocidad de la luz, lo quiere conseguir a través de la teoría del desplazamiento por curvatura o empuje *warp*. Un tipo de propulsión que distorsionaría el espacio-tiempo, permitiendo a la nave acercarse al punto de

---

[11] Ritter, D. (2017). *Interview:* David Ritter, *chief executive*, Greenpeace Australia Pacific – vídeo/ *interviewed by* Michael Slezak. *The Guardian*.

destino. Realmente el objeto no iría más rápido, sino que se aprovecharía de la teoría de la relatividad de Albert Einstein para moverse dentro del espacio-tiempo.

Tal y como informa Collider, el diseñador Mark Rademaker ha hecho un prototipo del diseño de esta nave a la que han llamado de manera acertada IXS Enterprise. En palabras de Rademarker: «Queríamos tener una imagen digna para motivar a los jóvenes a seguir una carrera científica. Tiene algunas características de la ciencia ficción que nunca se podrían transferir a un posible diseño final, a menos que realmente queramos».

En resumidas cuentas, no sabemos aún nada de lo que viene, y trabajar la capacidad de adaptación es lo único que nos mantendrá con vida. Para cualquier grupo no será lo mismo tocar en un auditorio que en un campo de fútbol o en una sala, tienen que saber adaptarse al contexto, al escenario. Y estamos en un escenario de tecnología.

## 1.5. CLAVES PARA LIDERAR UN EQUIPO VIRTUAL

### 1. Construir el equipo

Cuando se está pensando en virtualizar un área de equipo, hay que partir de la idea de que será necesario construirla desde cero. Quizás incorporando nuevos perfiles y muy posiblemente reenfocando aquellos empleados que, bien por acceso o por conocimientos, no estén preparados para rendir en plenas condiciones de forma virtual. Así mismo, será necesario el desarrollo de un modelo de referencia que todos los miembros conozcan, una partitura que describa el propósito, la misión y los objetivos que cumplir. Gracias a esta guía todos sabrán cuál es su cometido y su vinculación con el resultado final, podrán hacer seguimiento de la forma en la que su trabajo influye en los resultados. Se sintonizarán con el equipo. Las partituras tienen arreglos específicos para cada instrumento.

Una vez seleccionados los perfiles, es recomendable convocar una sesión de orientación o lanzamiento para describir las tareas, explicar las normas, detallar el plan de trabajo y exponer la melodía que se está buscando. Esta sesión no tiene por qué ser presencial, aunque ayuda que de forma periódica ciertos encuentros rompan con las barreras digitales, para poner cuerpo y voz a quienes trabajan a través de *e-mail* o pantallas.

## 2. Adquirir cultura organizativa remota

Debido a que la actividad con los compañeros se genera principalmente a través de plataformas virtuales, es necesario garantizar que todos accedan en igualdad de condiciones a las comunicaciones, debates y propuestas de novedades, de lo contrario esta horizontalidad se diluye y perpetúa una jerarquía tecnológica que corre el riesgo de convertirse en aislamiento frente al resto. La mentalidad remota reclama transparencia en el sentido más amplio de la palabra. Evidentemente habrá recursos y comunicaciones a las que solo podrán acceder algunos miembros, pero la mayoría de las comunicaciones, y especialmente aquellas que afectan al rendimiento y ambiente general, tienen que ser lo más transversales posible. Es fundamental que se eviten agravios comparativos, se genere confianza y se facilite la integración entre las personas en torno a herramientas digitales compartidas. Según la web especializada Remoters. net, un 20% de los empleados remotos identificaron cierta sensación de soledad[12] como resultado de su trabajo en 2019, algo que se disparó con la llegada de la pandemia. La trasformación también conlleva riesgos para la salud de las personas.

## 3. Concebir la tecnología como una aliada

Si la organización ha hecho su trabajo desde arriba, garantizando el acceso a las herramientas y formando en su uso, los empleados

---

[12] Remoters.net. (2020). Las tendencias del trabajo remoto para el 2019: Su presente y futuro - Remoters. https://remoters.net/es/tendencias-del-trabajo-remoto-2019/

podrán interiorizar esta transición como un cambio de chip. El recelo al uso de determinadas herramientas es fruto del desconocimiento y lleva a que, en ocasiones, lo que debería ser más ágil termine convirtiéndose en una pérdida de tiempo.

## 4. Definir correctamente la política de trabajo

Habrá que fijar en la planificación expectativas concretas y que todo el mundo comparta a través de una política de trabajo, aquellas obligaciones que favorezcan el desarrollo sin generar bloqueos, por ejemplo:

1. Determinar ciertas horas de trabajo en las que todo el equipo estará conectado, las horas de ensayo.

2. Avisar con antelación sobre los días o las horas en las que alguien estará ausente. Si nos falta un instrumento, tenemos que saberlo para cubrir ese hueco en la melodía.

3. Fijar objetivos e indicadores de medición para mejorar la destreza individual y así redondear la melodía final.

## 5. Mantener el equipo motivado en el *online*

Crear cultura organizativa es más complicado en caso de equipos virtuales. Por eso es preciso desarrollar acciones que vayan enfocadas a este fin, con reuniones periódicas, redacción de *e-mails* informativos o la creación de foros donde se puedan compartir impresiones y contenido de forma distendida y ampliando el conocimiento mutuo. Como cuando los Beatles quedaban fuera de su espacio de ensayo habitual y probaban acordes de forma aleatoria. De esta forma nació *Come together.* Escúchala escaneando el código.

Puedes ver el vídeo de The Beatles, *Come together*, a través de este enlace o escaneando el QR:
https://youtu.be/45cYwDMibGo

## 1.6. TRABAJAR EN EQUIPOS MULTIGENERACIONALES

Este camino hacia lo 4.0 choca con la inevitable regeneración de las plantillas en las empresas, el traspaso de poder ha puesto en la partitura melodías que pueden chirriar a parte de la orquesta. La convivencia de distintas generaciones se nota también en su relación con la tecnología. Aunque los *millennials* son los usuarios *a priori* avanzados, la realidad es que esta transición fue puesta en marcha por la generación anterior, quienes ahora superan los 50 años, y, por tanto, es mucho más transversal de lo que parece. Y sí, esta combinación de perspectivas también se da en la música, aquellos artistas que son capaces de atraer a distintas generaciones son los que terminan fraguando una trayectoria exitosa en el tiempo. ¿Cómo lo consiguen? Con arte. Fusionan su propio estilo con otros que han funcionado anteriormente o que lo hacen en la actualidad, algunos optan por meter ritmos latinos para llegar a un público más joven e internacional, otros se decantan por remasterizar sus temas con colaboraciones de artistas actuales o veteranos, y hay quienes dan un salto hacia la electrónica buscando un toque más moderno. Un ejemplo bastante reciente es el nuevo álbum de C. Tangana, *El Madrileño*, donde el rapero escapa de su estilo fetiche para fusionarse con flamenco, *rock*, latino, folk o incluso *blues* de la mano de artistas como Kiko Veneno (*Los tontos*), Omar Montes (*La culpa*) o Nathy Peluso (*Ateo*).

> Puedes ver el vídeo de C.Tangana y Omar Montes, *La culpa*, a través de este enlace o escaneando el QR:
> https://youtu.be/rpf2e87lOz4

Volviendo a la empresa, ¿de qué modo podríamos representar la diversidad que se da en equipos multigeneracionales y cómo podríamos resumir la inacabable capacidad que reside en ellos? Pues el camino más directo es conseguir que dichas perspectivas interactúen, fluyan y sean productivas. Que estén afinadas.

Recientemente vi en televisión una entrevista que realizaban en conjunto a Joaquín Sabina y Leiva en *El Hormiguero*. Les preguntaban acerca de cómo encajaban visiones, ya que colaboran en varios proyectos. Leiva mostraba su admiración por Joaquín y destacaba su sentido del humor y su visión desenfadada de casi cualquier asunto, mientras que Joaquín señalaba de Leiva su capacidad para desarrollar melodías. Su relación se basa en la admiración, la empatía y la capacidad de compartir visiones y sintetizarlas en un enfoque común. Esta fórmula funcionaría en cualquier relación de equipo, pero en el caso de los grupos con diferencias generacionales destaca aún más porque requiere de un esfuerzo de comprensión y generosidad en ambos sentidos.

Nos hemos cansado de escuchar cómo en los valores corporativos de muchas empresas, o de la mayoría, se hace mención del valor o competencia del trabajo en equipo.

A mí me parece de Perogrullo.

En cualquier organización tendría que ser una obligación conseguir trabajar en equipo. Citando a Lencioni, del que hablaremos largo y tendido más adelante porque es un experto director, para sonar como una orquesta bien afinada se requiere coordinación, confianza, comunicación, claridad de objetivos, visión, afán de logro, esfuerzo compartido, compromiso, ambición, etc. Lencioni habla de «disfunciones» para señalar aquellos puntos en los que la melodía puede perderse y que comparten la mayoría de los equipos. Estas disfunciones se hacen más evidentes en los equipos multigeneracionales.

## Esenciales del trabajo en un equipo multigeneracional

Últimamente se escucha mucho hablar del edadismo y precisamente en el trabajo en equipo existe un potencial tremendo para acabar con este cliché.

En primer lugar, es importante tener en cuenta que las personas de diferentes edades tienen diferentes experiencias y conocimientos. Los jóvenes pueden tener una mayor capacidad para adaptarse a los cambios y aprender nuevas habilidades porque la falta de experiencia les invita a probar y conocer ámbitos nuevos, mientras que los adultos pueden tener una mayor experiencia y sabiduría debido a una exposición continuada a diversas situaciones de tipo laboral y personal. Es importante aprovechar estas diferencias y utilizarlas en beneficio del equipo, teniendo en cuenta que esas capacidades combinadas generan un entorno de efervescencia y entusiasmo que no se daría en equipos más homogéneos por la uniformidad de experiencia y opiniones.

En segundo lugar, tenemos que resaltar la importancia de fomentar la comunicación abierta, ya que en entornos donde existen grandes diferencias de percepción se tiende a crear compartimentos estancos por falta de confianza o miedo a verse o sentirse ridiculizado o marginado, y se debe insistir de un modo muy intenso en la necesidad de respeto mutuo entre los miembros del equipo.

Este respeto va más allá de la educación, y es un proceso por el cual todos los miembros escuchan atentamente y cuestionan o, en su caso, aceptan las aportaciones y sugerencias de cualquier otro miembro. Por ello, es importante evitar los estereotipos y prejuicios en relación con la edad y tratar a todos los miembros del equipo con igualdad y respeto.

## El líder ante un equipo intergeneracional

La ambición, la visión, la comunicación, el compromiso o la forma de entender los resultados, la confianza en el futuro… son distintas según cada generación. Desde un punto de vista técnico, estas capacidades no se pueden considerar intangibles que se tengan que traer de casa. Insisto, se pueden trabajar, entrenar y transmitir mediante un proceso de análisis y acción.

¿Y cómo debería actuar un líder ante este tipo de retos? Mediante la capacidad combinada de comunicación, confianza, asunción de diferentes roles y compromiso, lo que denominamos ambición retroalimentada. Requiere anteponer los resultados del colectivo a los resultados individuales, propiciando una comunicación fluida. Las reuniones deberían planificarse con suficiente antelación, así como enviar a todos los integrantes una agenda con los temas que tratar, responsables y tiempos previstos.

A la hora de fomentar la confianza el líder debe procurar una comunicación intensa entre todas las personas, propiciando la exposición de vulnerabilidades y fortalezas para que se conozcan del modo más detallado y global posible.

En el caso de la formulación de objetivos, lo ideal es someterlos al filtro SMART, para evitar la falta de concreción y plazos, que degenera en falta de resultados y desmoralización.

Para generar una visión, se debe trabajar con todo el equipo un ejercicio o dinámica para generarla o clarificarla. Las visiones funcionan mejor cuando se generan de modo compartido porque su valor estratégico se intensifica al conferir significado colectivo.

Para trabajar el afán de logro, el líder debe preocuparse por conocer las motivaciones de cada integrante. Existen herramientas que se pueden utilizar para clarificar este punto (por ejemplo, DISC), asimismo, te aconsejo compartir los resultados con el equipo para acrecentar la confianza mutua y conocerse mejor.

A la hora de crear una dinámica de esfuerzo compartido, te recomiendo trabajar asignando el rol de planificador a la persona más objetiva, algo que podrás averiguar partiendo del DISC. Una vez asignado ese rol, dicha persona repartirá cargas del modo más equilibrado posible, clarificando el valor de las aportaciones, priorizando y partiendo de la división entre valor cualitativo y cuantitativo.

Finalmente, el compromiso se consigue clarificando muy bien las recompensas y reforzando el enlace entre los distintos roles y tareas, de modo que todos los componentes tengan muy claro cómo afecta su resultado y dedicación a las responsabilidades y objetivos del resto. En otras palabras, el líder debe intensificar y hacer transparente el entrelazamiento de funciones, roles, tareas, objetivos, etc.

## Fases de desarrollo y posibles sinergias

En los multigeneracionales, y en general en todos los equipos, se producen una serie de fases o etapas hasta que se alcanza la excelencia. Estas fases desembocan en una capacidad productiva de alto rendimiento cuando permiten a todos los miembros entender su rol y su misión, así como la calidad de las interacciones que tienen que cultivar.

Los picos de rendimiento suceden cuando todo se ha desarrollado de acuerdo con la descripción de las distintas fases y desembocan en una fluidez estructural y de rendimiento óptimas. La materialización del máximo potencial es consecuencia de las sinergias.

Por otro lado, cuando introducimos algún elemento nuevo en la dinámica de funcionamiento del equipo (nuevos objetivos, cambio en algún miembro, etc.) se produce una depresión en el ciclo, ya que no es posible mantener un pico de máxima productividad indefinidamente.

La clave en cualquier caso es que todo el equipo sea consciente de las distintas fases y las causas por las que ese ciclo se renueva, asumiendo que cualquier cambio puede provocar una disminución en el rendimiento. Las sinergias se producen de forma orgánica y hacen variar el perfil del equipo en función de los cambios, por ejemplo, en los roles, tareas o incluso ubicación. Reflejan la evolución de un equipo y su inteligencia emocional y social.

Cuanto más conscientes sean todos de la naturaleza de esas relaciones y de su influencia en el desarrollo de las capacidades individuales y colectivas, más rápidamente se gestionarán las disfunciones.

1. *Crea una cultura inclusiva y diversa.* Uno de los mayores desafíos que enfrentan los líderes de equipos multigeneracionales es la creación de una cultura inclusiva y diversa. Es importante

recordar que cada generación tiene sus propias perspectivas y valores, y debemos reconocer y celebrar esas diferencias.

Un buen ejemplo de esto es la empresa The Cheesecake Factory, que ha creado una cultura inclusiva y diversa en su equipo. La empresa tiene empleados de todas las edades, desde los veinte hasta los setenta años, y ha creado una cultura en la que todos se sienten valorados y respetados, independientemente de su edad.

La empresa ha implementado políticas y prácticas que fomentan la inclusión, como la capacitación en conciencia de la edad y la creación de grupos de afinidad para empleados de diferentes generaciones.

Como resultado, The Cheesecake Factory tiene un equipo altamente efectivo y motivado, que trabaja en colaboración para lograr objetivos comunes.

2. *Fomenta la flexibilidad y la adaptabilidad.* Cada generación tiene sus propias preferencias en cuanto a la forma de trabajar y comunicarse, y es importante que los líderes sean capaces de adaptarse a esas preferencias.

Un buen ejemplo de esto es la empresa de *software* 37signals, que ha implementado políticas de trabajo remoto y horarios flexibles para atraer y retener empleados de todas las edades. La empresa reconoce que las personas de diferentes generaciones tienen diferentes necesidades y preferencias, y ha adaptado sus políticas para satisfacer esas necesidades.

Como resultado, 37signals tiene un equipo altamente efectivo y motivado, que es capaz de trabajar en colaboración desde cualquier lugar del mundo.

3. *Enfócate en resultados, no en procesos.* Un buen ejemplo de esto es la empresa de tecnología Apple, que ha creado un equipo altamente efectivo y motivado al enfocarse en los resultados finales en lugar de en los procesos. La empresa es conocida

por su cultura de «hacer lo que sea necesario» para lograr los resultados, lo que la ha llevado a la creación de algunos de los productos más innovadores del mundo de la tecnología, de hecho, en la reciente crisis por la que están pasando las empresas del sector a nivel global, Apple no está sufriendo los mismos problemas que sus competidores.

**Principales desafíos**

Esta diversidad de perspectivas puede ser una gran ventaja para el equipo. Sin embargo, también puede haber tensiones debido a diferencias en la forma de pensar y en la forma de trabajar.

Uno de los elementos clave en equipos compuestos por personas con muy diferentes edades es la comunicación. Los miembros más jóvenes pueden tener dificultades para comunicarse con los miembros más experimentados debido a diferencias en el lenguaje. Por otro lado, los miembros más experimentados pueden sentir que los miembros más jóvenes no los respetan o no consideran sus propuestas como válidas.

Es importante que el equipo tenga una comunicación abierta y transparente para abordar estos problemas, el líder debe ser capaz de reconocer y valorar las contribuciones de cada miembro del equipo, independientemente de su edad. También debe fomentar la colaboración y la cooperación.

## 1.7. HERRAMIENTAS: PRINCIPALES INSTRUMENTOS PARA LA MÚSICA DEL FUTURO

A mediados del 2014 se viralizó un vídeo titulado *Evolution of the desk*. Muestra un plano secuencia de un escritorio de oficina donde se van sustituyendo todos sus elementos (máquina de escribir, agenda de contactos, periódico, enciclopedia, calendario…) por dispositivos portátiles, iconos de aplicaciones o *aplicaciones*. Es el ejemplo que mejor ayuda a entender la transición de las oficinas.

Puedes ver el vídeo de *Evolution of the desk* a través de este enlace o escaneando el QR: https://youtu.be/uGI00HV7Cfw

La mayoría de los estudios revelan que las tecnologías que más valoran las empresas para su transformación digital son aquellas dirigidas a aumentar el compromiso con la marca, como las redes sociales, seguidas del móvil, la gestión de datos o los productos únicamente digitales, como los cursos que ofrecen muchas universidades en complemento a su formación presencial. En los últimos años se ha popularizado el uso de datos y de IoT a través de asistentes de fábrica con inteligencia artificial, etc. En este sentido podemos echar un ojo a lo que Estrella Galicia[13] ha venido haciendo en los últimos años dentro de su estrategia de digitalización.

Para integrar este cambio en los equipos no es necesario aplicar la tecnología en todas las fases de la cadena, sino la que hace falta allí donde es realmente útil. Un nuevo CRM para la gestión de pedidos, furgonetas de reparto conectadas por GPS o anuncios en YouTube que permiten comprar directamente desde el móvil son solo algunos ejemplos de cómo la tecnología puede ayudar a digitalizar un negocio. Lo importante en un proceso de estas características no es qué tecnología aplicar, sino ¿para qué? y ¿para quién?

En líneas generales, se pueden establecer los siguientes cuatro tipos de herramientas.

## Organizativas o de equipo

Permiten estructurar tareas, hacer seguimiento o alinear los objetivos con un volumen amplio de usuarios. Entre las más conocidas en la actualidad se encuentran Office365, Trello o Slack, esta

---

[13] Mundo HR. (2018). Estrella Galicia reinventa su forma de trabajar con Alexa [Vídeo]. https://www.youtube.com/watch?v=6UZFgA4aJjc

última es utilizada por *startups* de todo el mundo porque ofrece una integración total con la mayoría de otras aplicaciones como Notion, Dropbox, GitHub, Zendesk o Figma.

Llegados a este punto quiero hacer una parada. Las herramientas organizativas incorporan aplicaciones y métodos para el control del rendimiento que permiten saber si los empleados están activos en los últimos 5 minutos, mueven el ratón, etc. Merece la pena plantearse si esto es útil o simplemente actúa como un freno al proceso de transformación. Urge cambiar la C de Controlar, por la C de Compromiso, Confianza y Cuidado.

## De comunicación

Las más conocidas son Gmail, Skype, Teams o WhatsApp. En este caso el abanico es amplísimo porque las organizaciones tienden a crear su propia aplicación de comunicación bajo parámetros de seguridad que se ajustan a sus demandas. Lógico, ya que las empresas son reacias a compartir las comunicaciones de sus empleados a través de herramientas que no pueden controlar.

## De productividad

Son aplicaciones que permiten ejecutar trabajos, editar ficheros, retocar imágenes o producir vídeo o audio. Existen infinidad de ejemplos, pero la más conocida y accesible es Google Drive. Lleva en activo desde abril de 2012, y permite hacer prácticamente todo lo que antaño solo podía llevarse a cabo con una licencia de Office. Incorpora un servicio de almacenamiento en la nube, cada usuario cuenta con 15GB de espacio gratuito ampliables mediante pago y funciona en todos los sistemas operativos. En mayo de 2018 Google anunció la suscripción de pago (GoogleOne) con nuevas funcionalidades como almacenamiento extra, asesoramiento, chat o créditos. AdobeCloud es la más utilizada por expertos del diseño y la creatividad, mientras que Office365 sigue siendo la preferida del mundo ejecutivo.

## De analítica o inteligencia empresarial

La posibilidad de medir datos en tiempo real ha hecho que las organizacicnes se esfuercen por implantar herramientas y equipos destinados al análisis de las acciones y estrategias que se llevan a cabo. Es posible gracias a la conjunción de dos planteamientos disruptivos:

a. Por un lado, el *big data*. La posibilidad de recopilar, almacenar y acceder a volúmenes masivos de información.

b. Y por el otro, la inteligencia de negocio. La capacidad de interpretar y predecir cambios basándose en esta información.

Antes era difícil y costoso conocer la evolución del negocio, pero ahora es sencillo gracias a Analytics o PowerBI. De igual forma, se ha cambiado la medición de impacto publicitario por conceptos como el ccste por clic, impresiones, conversiones, que nos ofrecen las plataformas de este tipo. Y ya es posible saber si la estrategia de optimización de buscadores es la correcta a través de herramientas como Sistrix, MOZ o WooRanK.

Las herramientas para el análisis de datos e información no se han quedado en el sector de la comunicación, sino que han dado el salto a muchas otras industrias; IBM es pionera en el desarrollo de aplicaciones que monitorizan las constantes vitales de una persona, lo que tiene un enorme potencial en el campo sanitario; el sector primario hace tiempo que usa drones capaces de interpretar el estado de las parcelas de cultivo y decidir cuándo, dónde y por qué es el mejor momento para sembrar. Amazon es el rey de la automatización en la logística. Mientras las herramientas de productividad o de equipo son accesibles e intuitivas, el dominio de las de analítica requiere formación concreta y años de experiencia.

## Herramientas con inteligencia artificial

En los últimos años, casi debería decir meses, han llegado como un ciclón las herramientas con tecnología basada en inteligencia artificial: asistentes virtuales como Alexa o Siri, chatbots como Chat-GPT, herramientas de diseño como DALL-E, de análisis como Brandwatch o de automatización como Zapier. La lista no para de crecer. Estas herramientas pueden ser útiles para integrar diferentes servicios, lo que ayuda a los equipos a trabajar de manera más eficiente y coordinada; aunque crecen las incógnitas también amplían las oportunidades y las perspectivas, son un motor para la innovación y nos permiten empezar a crear de forma mucho más rápida.

# 2

## Directores de orquesta

### 2.1. AFINA LA BANDA SONORA DE TU EQUIPO: LA *PLAYLIST*

A estas alturas ya te habrás dado cuenta de que la música está sonando. Seguro que has podido identificar algunas personas de tu equipo que son buenas tocando algún instrumento. Si este libro tiene una banda sonora, seguramente sea la que aparece a continuación. Puedes encontrarla en Spotify y escucharla las veces que lo necesites.

Puedes acceder a la *playlist* en Spotify a través de este enlace o escaneando el QR:
https://open.spotify.com/playlist/5qa8F4nQC9qYOTXfYo9TBU

## 2.2. LOS DIRECTORES

El compositor, pianista y director de orquesta Leonard Bernstein era muy bueno comunicándose con sus músicos. Los miraba y les pedía que aparecieran en escena con dulzura. La directora española Inma Shara se rodea del mejor talento y lo impulsa con determinación hasta conseguir crear auténticas obras de arte, innovando en instrumentos. Ella no toca una pieza, pero sus melodías causan expectación en el mundo entero mientras se mueve frente a un auditorio lleno. Carlos Miguel Prieto,[14] reconocido por la revista *Forbes* como «el mejor director de orquesta del mundo», es quizás el mayor defensor de la integración entre música y empresa. Él considera que la creatividad es necesaria para los líderes, al igual que la capacidad de trabajar en equipo y motivar a la gente hacia una misma meta.

Estos líderes tienen a su cargo equipos de más de veinte personas, con frecuencia de nacionalidades o experiencias formativas distintas y con quienes han de tejer, con el tiempo, una melodía. Inma, Carlos… en su día Leonard saben reconocer las virtudes de cada músico y cómo aprovecharlas, les anticipan con pequeños gestos o miradas cuando necesitan que intervengan para aportar algo. Esa capacidad de hacer que todo suene, y suene bien, es lo que me he propuesto ayudaros a conseguir con esta lectura. Así que voy a contaros las peculiaridades de una serie de directores de orquesta que resultan fundamentales para entender los equipos. Algunos no han tocado un instrumento en su vida, pero saben hacer que sus equipos estén perfectamente afinados. Vamos a conocer en detalle la vida de grandes mentes como Meredith Belbin, Bruce Tuckman, Daniel Goleman o Patrick Lencioni, líderes en los que me he inspirado en mi trayectoria profesional. Hay excepcionales directoras de orquesta, y para ellas hay un capítulo completo más adelante, así que por ahora me centraré en los clásicos.

---

[14] Levet, V. (2021). Carlos Miguel: Entre música y negocios. *Forbes México*. https://www.forbes.com.mx/carlos-prieto-dualidad-la-musica-y-los- negocios/

## 2.3. MEREDITH BELBIN

El Dr. Meredith Belbin[15] y su equipo consiguieron que en las organizaciones se empezase a plantear por qué unos equipos funcionaban bien y conseguían resultados y otros no. En 1981 publicó la primera edición de su teoría de roles de equipo,[16] una de las más importantes en el campo de la psicología organizativa, y cuya repercusión en la forma de entender y desarrollar el trabajo en equipo ha sido enorme y continúa vigente en nuestros días.

El trabajo de Belbin despertó la empatía de líderes y trabajadores de forma transversal, permitiéndoles identificarse en uno u otro rol, descubriendo que su lugar en el equipo respondía a una serie de tendencias de comportamiento y relación. Conocerse individualmente y conocer a los otros miembros es la clave para convertirse en lo que Belbin definió como un equipo de alto rendimiento. Y es que la riqueza del grupo se encuentra en la diversidad, en lo que cada uno aporta, lo que lo diferencia de los demás y mejor sabe hacer. En definitiva, cómo de bueno o buena eres tocando tu instrumento.

### ¿Quién es Belbin?

Raymond Meredith Belbin (Cambridge, 1926) es un académico y psicólogo industrial que definió la teoría de roles de equipo (Belbin, 2010) a partir de investigaciones, durante más de diez años, basadas en el estudio y análisis de los comportamientos de las personas cuando trabajaban juntas. A comienzos de los años 80, expuso un estudio en el que detalló 8 (después serían 9) roles presentes en la mayoría de los equipos a través de los cuales se hace más ágil y rentable, en términos de eficiencia, repartir tareas y establecer

---

[15] Belbin, M. (n.d.). Metodología Belbin, roles de equipo en la empresa. https://www.belbin.es/meredith-belbin/

[16] Belbin, R. (2010). *Team roles at work* (2nd ed.). Butterworth- Heinemann.

objetivos. Esta investigación le hizo ser conocido por el sobrenombre del «padre de los roles de equipo».[17]

El método que propone Belbin no es una prueba de personalidad, esto conviene remarcarlo, su objetivo no es determinar una forma de ser, sino ayudar a los líderes y al equipo a comprender cuáles son los roles principales, para hacer que el trabajo fluya y consiga los objetivos asignados. A diferencia de otros planteamientos, el método Belbin mide tendencias de comportamiento y de relación, y lo hace en percentiles, lo que permite saber la posición de cada individuo respecto a la población similar con la que se compara. Se focaliza en potenciar las fortalezas (roles principales) y asume que cada miembro del equipo puede tener una o varias debilidades permitidas.

Belbin define nueve roles de equipo distribuidos en tres grandes áreas (Belbin, 2010):

1. Sociales: investigador de recursos, cohesionador, coordinador.

2. Mentales: cerebro, monitor evaluador, especialista.

3. Acción: impulsor, implementador y finalizador.

A continuación, te expongo los rasgos más identificativos de cada uno según Belbin (2010).

**Roles sociales**

- *Investigador de recursos.* El investigador es extrovertido, entusiasta y comunicativo. Le gusta buscar oportunidades y desarrollar contactos. Volviendo a la música, es el que consigue los conciertos o se informa de dónde y cómo grabar el próximo disco. Está continuamente ampliando conocimiento y buscando su aplicación en los objetivos del equipo. Puede resultar demasiado optimista y con frecuencia perder interés

---

17 Belbin, M. (2017). Primer Plano de Meredith Belbin. TJ, 07, 1-5. https://www.belbin.es/wp-content/uploads/2018/04/TJ-07-July-2017- BELBIN-es-Primer-plano-de-Meredith-Belbin.pdf

una vez el entusiasmo inicial desaparece, olvidándose de dar seguimiento a las iniciativas. El investigador de recursos es un buen rol para comercializar un proyecto y para cargarlo de optimismo, pero quizás no sea el perfil idóneo para finalizarlo. Son personas capaces de sorprender y con una buena capacidad de improvisación.

- *Cohesionador.* Tratan de solucionar los problemas teniendo en cuenta la opinión de los demás. Las personas con predominio del rol cohesionador evitan los conflictos y son perfectas ejerciendo la diplomacia por su gran capacidad de escucha. Los equipos necesitan personas que aporten armonía, que sostengan la melodía mientras cada uno destaca. Su debilidad permitida reside en su indecisión ante una disyuntiva importante o el momento de elegir entre una opción y otra. Si queremos encontrar un símil en la historia de la música, el que mejor lo encarna es George Harrison.

- *Coordinador.* Es capaz de poner las tareas y retos negro sobre blanco. A este rol le define su capacidad para aclarar las metas, identificar el talento e incluso persuadir a otros para conseguir los objetivos del equipo. Los coordinadores son líderes exigentes. Pueden resultar algo manipuladoras y llegar a delegar en exceso, dejando para los demás el trabajo más duro.

## Roles mentales

- *Cerebro.* Librepensadoras, creativas, imaginativas… las personas definidas por el rol cerebral generan ideas y ponen sobre la mesa soluciones nuevas ante problemas enquistados. Su naturaleza los puede llevar a generar ocurrencias o abstraerse de las cuestiones críticas, por lo que no serán el perfil óptimo para tareas meticulosas o que necesiten comunicación explícita y directa. El cerebro en la música sería ese baterista que se marca un solo de bombo y platillo cuando alguien suelta algo gracioso, o el trompetista que intenta animar la fiesta con una melodía divertida, alguien confiado, resolutivo y un motor para la innovación.

- *Monitor evaluador.* Serio y perspicaz, el monitor evaluador es uno de los roles más analíticos a los que hace mención el Dr. Belbin. Permanece atento, percibe las opciones y alternativas juzgando con exactitud. Su debilidad permitida es que en ocasiones carece de iniciativa para inspirar a otros, además, puede resultar excesivamente crítico. En un grupo de música sería encarnado por el productor, capaz de unificar talentos de forma objetiva y crear un sonido equilibrado.

- *Especialista.* El especialista es un rol muy independiente, con conocimientos específicos y cualidades únicas, aunque limitadas a un área o sector. Posiblemente estemos hablando del pianista o de la arpista... alguien muy bueno en lo suyo. A este rol se le permite explayarse en tecnicismos y puede que abrume con su gran conocimiento en aquello que domina. Son útiles si buscamos un perfil técnico para cubrir por completo un área, pero no será fácil que quiera salirse de su zona de confort.

## Roles de acción

- *Impulsor.* Los impulsores son los que tiran del carro. Son personas retadoras, dinámicas y trabajan bien bajo presión, poseen una inagotable energía para superar obstáculos e iniciar nuevos retos. Su debilidad permitida es que pueden provocar choques e incluso ofender los sentimientos de otra parte del equipo en su afán por llevar a cabo nuevas acciones. El impulsor es lo más parecido al líder de un grupo al que le llega el éxito. Nadie duda de su talento, pero si la presión le supera puede tornarse agresivo o malhumorado. Seguro que tenéis en mente un músico que encaja en esta definición, a mí se me ocurre el genial Freddie Mercury de Queen.

- *Implementador.* Las personas definidas por este rol son idóneas para incluir una perspectiva práctica, de confianza en el equipo. Es quien consigue que las cosas lleguen a buen puerto, saben transformar ideas en acciones concretas y organizar el trabajo de forma eficiente. Sin embargo, son demasiado planificados y les cuestan los cambios. En los grupos de música, cuando un integrante llega con una nueva melodía o una propuesta disruptiva, siempre hay quien se resiste a cambiar la hoja de ruta, ahí tenemos un implementador.

- *Finalizador*. En todos los equipos hace falta alguien que no suelte el proyecto hasta que todas las aristas han quedado pulidas. Esmerado y concienzudo, el finalizador es el rol que permite a los demás desconectar porque saben que con su trabajo el resultado final será impecable. En algunas canciones el director de orquesta deja para el final un solo de viento o una suave salida de piano, esto es lo que consigue el finalizador. Como todos los roles activos y detallistas, es reacio a delegar y puede llevar su perfeccionismo al extremo, pero qué le vamos a hacer, es su debilidad permitida.

Identificar los roles presentes en nuestro equipo significa asegurarnos de utilizar las fortalezas de la forma más ventajosa y gestionar las debilidades para minimizar su impacto. La existencia de un equilibrio de roles es lo que le hace convertirse a una banda cualquiera en un equipo de alto rendimiento. Y es que el equilibrio es necesario en la vida, en la música y en la empresa.

Figura 2.1. Roles de Belbin

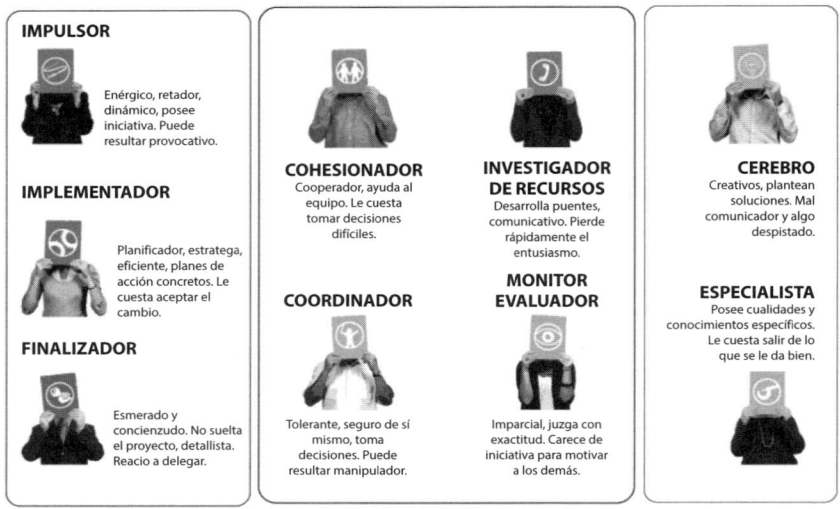

*Fuente:* Elaboración propia basada en Belbin (2010).

## 2.4. BRUCE TUCKMAN

Los años 60 del siglo XX fueron muy prolíficos tanto empresarial como musicalmente. Es el momento en el que los artistas jóvenes de las grandes urbes empezaron a captar la atención de la prensa especializada, aparecieron los Beatles y los Rolling Stones, la música *rock* evolucionó hasta la psicodelia de The Doors o Pink Floyd y fue el momento en el que empezó a hablarse de música folk en Estados Unidos. A nivel corporativo, esta década significó un antes y un después para el desarrollo de modelos que ayudasen a unificar las diferentes teorías existentes con el objetivo de establecer criterios comunes en el análisis de las personas. El uso de modelos fue aplicado por autores como Paul Hersey y Ken Blanchard[18] (véase modelos de liderazgo situacional) con gran repercusión entre líderes

---

[18] Hersey, P. y Blanchard, K. (1972). *Liderazgo situacional.* Prentice Hall.

de entonces y ahora, aunque no fueron los únicos investigadores en utilizar esta herramienta para unificar su discurso.

He querido rescatar para este capítulo el trabajo del Dr. Bruce Tuckman y sus *Modelos de desarrollo en pequeños grupos*.[19] Un estudio que ha conseguido superar la barrera del tiempo para hacerse plenamente vigente en nuestros días. El autor afirma que todos los equipos pasan por una serie de fases o etapas (Tuckman, B., 1965) hasta alcanzar la plenitud. En origen su investigación contaba con 4 etapas reconocibles: formación, conflicto, normalización y desempeño. Doce años después el modelo se redefinió y amplió agregando una quinta fase, disolución, gracias al trabajo conjunto de Tuckman y la doctora Mary Ann Jensen.

Una de las claves para tener en cuenta es que su modelo es una guía de desarrollo, centrado en analizar un proceso con un inicio y un final. No es una herramienta puntual o estratégica para corregir hábitos o mejorar la relación de los equipos, sino que actúa de forma transversal, ayudando a interpretar el camino y saber en cada momento dónde estamos y cómo podemos seguir avanzando.

## De una banda punk a un grupo de *jazz*: el modelo de desarrollo en pequeños grupos

Volvamos a la música para analizar un caso práctico que nos ayudará a entender lo que propone el Dr. Tuckman. Imaginemos una banda punk cuyos integrantes se han cansado de la trayectoria del grupo y están pensando llevar a cabo un cambio en su estilo, una progresión. Se plantean atraer a nuevos músicos, recomponer la estructura y acercarse lo máximo posible a una banda de jazz, que es lo que les apetece tocar ahora.

El punk es crudo, frenético y con frecuencia desorganizado. Fruto de mucho compromiso, pero dudosa técnica, donde las letras

---

[19] Tuckman, B. W. (1965). Developmental sequence in small groups. *Psychological Bulletin*, *63*(6), 384–399. https://doi.org/10.1037/h0022100

y la actitud son casi lo más destacable. La música *jazz*, en cambio, corrige todas estas debilidades sin imponer la autoridad de ningún elemento, buscando en todo momento la armonía. Se dirige por el ritmo y el trabajo en equipo, y destaca la fluidez del colectivo.

¿Cómo tener éxito en semejante cambio? Tuckman explica en su modelo que para dar un salto de estas características hay que transitar por una serie de etapas intermedias:[20]

1. Etapa de formación: los miembros se conocen y el líder tiene una gran carga de trabajo en esta etapa, que es la de orientar, dirigir y establecer con claridad las actividades que cada persona debe realizar. Es una etapa llena de energía, ilusión y ganas de aprender. Poniendo el foco en las distintas habilidades y fortalezas.

2. Etapa de conflicto: en esta etapa, los miembros comienzan a cuestionarse unos a otros, y también lo hacen con el líder, que debe manejar sus emociones para no tomarse nada de forma personal, gestionando muy bien a las personas del equipo para evitar, o resolver, las posibles fricciones que surjan. Forma parte del aprendizaje, no todos los músicos avanzan al mismo ritmo, así que surgen rivalidades y agravios comparativos.

3. Etapa de normalización: esta es una etapa dulce. Los músicos comienzan a entenderse, establecen sus normas tanto formales como informales y el líder tiene una función de apoyo. Se consigue armonizar el nuevo estilo en un proyecto común.

4. Etapa de desempeño: aquí los músicos suman la combinación perfecta de conocimiento y compromiso, lo que permite al líder dejar que el equipo funcione, sin necesidad de estar presente. El aprendizaje acumulado empieza a dar sus frutos prácticos y se rinde eficientemente.

---

[20] MindToolsVideos. (2014, July 31). Forming, Storming, Norming, and Performing: Bruce Tuckman's Team Stages Model Explained [Vídeo]. YouTube. https://www.youtube.com/watch?v=nFE8laoInQU

Como ya se ha mencionado, en 1977 el autor añadió una última etapa, la de disolución, que se corresponde con el final de un equipo de forma no trágica, permitiendo a cada individuo avanzar en nuevas tareas o proyectos.

## Etapa de formación

El grupo empieza a formarse. Los roles y las responsabilidades están aún poco claros. Los miembros extrovertidos rápidamente asumen alguna clase de liderazgo o tratan de destacarse. Hay una alta dependencia del líder, por lo que los miembros del equipo esperan esa guía y dirección, así como que explique el propósito, los objetivos y las relaciones. Los procesos aún no se conocen con claridad y los miembros ponen a prueba la tolerancia del sistema y del líder.

Figura 2.2. Modelo de desarrollo en pequeños grupos

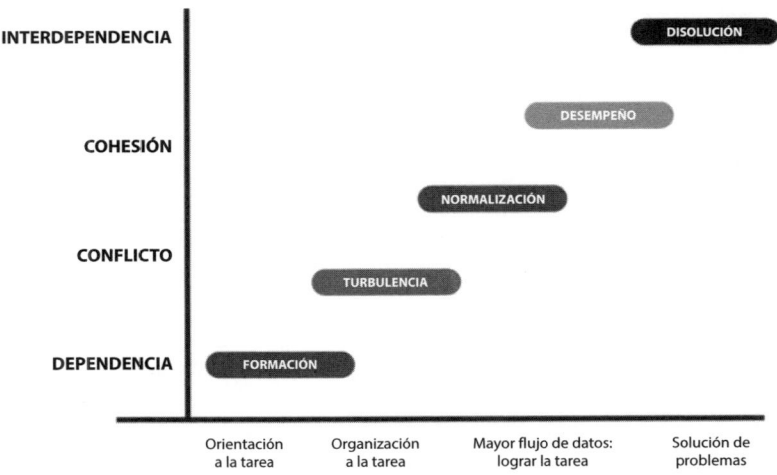

*Fuente:* Tuckman, B. W. (1965).

Volviendo a la banda punk, los integrantes ya han asumido que van a cambiar de estilo y están conociendo a los nuevos músicos que vienen a probar, algunos puede que sean muy buenos y eso provocará recelos en los más veteranos. Además, es probable que a ciertos integrantes les cueste aprender el ritmo y la cadencia de la música *jazz*, o que no encajen bien la dinámica grupal de este género porque prefieran la individualidad del anterior; el líder deberá trabajar para que no sientan amenazada su posición en el grupo.

## Etapa de enfrentamiento/conflicto

Los integrantes van a buscar poner en práctica su recién adquirido rol, fijando posiciones y delimitando su margen de maniobra. Es la etapa en la que las relaciones se reconfiguran y los miembros quieren captar mayor atención o méritos, llegando a producir conflictos y luchas de poder. Durante esta etapa el líder, los objetivos globales, las posiciones o formas de trabajar serán cuestionados como parte de la búsqueda de nuevos horizontes y la rivalidad constante. Las tormentas internas comienzan donde hay conflicto entre los estilos o formas de trabajar, y si no se corrigen pueden enquistarse hasta generar frustración. El consejo de Tuckman es que el líder actúe como un *coach*, identificando las fortalezas y entendiendo el objetivo común para facilitar la especialización y la colaboración.

Diferentes análisis coinciden en señalar que esta es la fase en la que fallan o se enquistan la mayoría de los equipos;[21] en la vorágine de cambios aquellos que se apeguen a una tarea o forma de hacer las cosas pueden experimentar estrés, percibiendo o generando desconfianza.

De vuelta al ejemplo, si el baterista no ha superado la etapa anterior (la de formación) y se empeña en machacar el bombo sin prestar atención a los platillos, o se niega a cambiar las baquetas por escobillas imprescindibles para la atmósfera del *jazz*, es bastante probable que sea sustituido. Si el líder lo detecta a tiempo y le orienta para que pise menos el pedal y use más los brazos, entonces la mitad del trabajo estará hecho.

---

[21] Enciso, R. Z. (2011). Trabajo en equipo: motivación, compromiso y resultados. Lulu. com.

## Etapa de normalización

Si el equipo llega hasta aquí, es que ha superado la peor parte. Poco a poco los integrantes habrán comenzado a resolver sus diferencias, apreciando no solo las fortalezas propias, sino también las del resto de los miembros y valorando la autoridad del líder. En este momento ya se conocen mejor, pueden socializar juntos, pedirse ayuda mutua y participar con comentarios constructivos sin que estos signifiquen un conflicto. A lo largo de esta fase, las personas desarrollarán un compromiso más fuerte con lo común y como líderes empezaremos a apreciar los primeros progresos. El equipo establece sus normas de funcionamiento, formales e informales. Sería ingenuo pensar en esta etapa como un camino de rosas. Los conflictos constructivos irán dando paso a la normalización, aunque seguirán existiendo choques entre actitudes adquiridas y nuevos hábitos cada vez que sea necesario replantear una tarea.

El papel del líder durante esta etapa es mucho más transversal, el carácter debe estar enfocado más a lo común y menos a lo individual. Con el tiempo, la supervisión será menos necesaria y podrá centrarse en fortalecer el carácter estratégico y no tanto el operativo, adquiriendo mucha más autoridad y respeto.

## Etapa de desempeño

El doctor Tuckman se refirió como *performing* (desempeño) a la etapa de ejecución; cuando el trabajo intenso conduce sin fricciones al logro de los objetivos y las metas que se han fijado con anterioridad. Lo que antes era una banda punk ahora es un grupo de *jazz*, ya son capaces de tocar juntos y están preparados para dar un concierto. La nueva estructura, planteamientos y procesos que se han configurado aguantan desde unos cimientos fuertes. Juntos son capaces de construir una melodía convincente.

El líder no tiene que demostrar su capacidad, puesto que ya lo ha hecho. Ha llevado al grupo desde su formación hasta su desempeño y puede concentrar esfuerzos en nuevas tareas o, incluso, en atraer más integrantes para ampliar las posibilidades. Su papel se centra en delegar, lo que elimina estrés y favorece la comunicación. Es un momento dulce porque las dinámicas están bien interiorizadas y favorecen una rutina sin roces. En esta etapa los miembros se cuidan entre sí. Como punto álgido, el equipo está preparado para asumir situaciones críticas y tomar decisiones sin la supervisión del líder, el enfoque está plenamente centrado en los objetivos y se ha logrado un alto nivel de autonomía. En este momento nuestra banda de *jazz* será capaz de improvisar e incluso brillar sin que el líder esté presente. El baterista se ha convertido en un as de las escobillas y domina los platillos sin depender del bombo, el bajista en un arquitecto melódico con el contrabajo, el guitarrista ha cambiado los *riffs* por punteos mucho más inspiradores y las nuevas incorporaciones desempeñan su rol sin fricciones.

### Fase de finalización/disolución

Esta etapa fue introducida en 1977, doce años después del modelo original y gracias al trabajo conjunto entre Tuckman y la Dra. Mery Ann Jensen. Tuckman no había caído en su importancia, ya que particularmente en los años sesenta los equipos se formaban con la intención de perdurar en el tiempo. En la actualidad, esta fase resulta imprescindible, ya que los equipos ágiles se construyen para abordar un proyecto concreto, durante un periodo determinado; cuando el proyecto finaliza, los equipos se disuelven con el objetivo cumplido. La característica fundamental de la finalización es que se construye de forma positiva, los integrantes se sienten satisfechos por el trabajo realizado y ponen en valor lo aprendido, los resultados y su capacidad para afrontar retos.

El papel del líder en esta etapa es importante, será quien ayude a encajar la pena por lo que termina y la ilusión por lo que comienza, quien oriente a las personas que ven fuera de la rutina un entorno de incertidumbre y llenará de optimismo lo incierto del futuro.

## El caso de Queen

Si el modelo de desarrollo de Tuckman tuviera una melodía, sería la de Queen y su líder Freddie Mercury. Queen surgió en Londres en 1970, anteriormente el guitarrista Brian May y el baterista Roger Taylor habían formado un grupo de estilo psicodélico con mucho talento, pero poca repercusión. Fue entonces cuando conocieron a un joven Freddy Mercury y se plantearon cambiar el nombre e iniciar una nueva trayectoria musical, combinando el género *rock* con otros estilos como el pop, el glam, el *blues*, la electrónica o la música de cámara. Esta arriesgada apuesta fue el germen de una de las bandas más notables de la historia.

Durante su etapa de formación, la banda vivió un replanteamiento de todo su estilo. Mercury era un músico excepcional, con dotes para la composición, la melodía y varios instrumentos (entre ellos el piano), pero también tenía una personalidad hiperactiva y estridente que le hizo chocar en numerosas ocasiones con el resto. Pese a todo, Mercury era un líder que creía en el proyecto y que en todo momento buscó potenciar las fortalezas de los demás integrantes sabiendo hasta dónde podían llegar.

Cuando lograron financiar el primer álbum, el grupo vivió su particular etapa de conflicto, donde incluso el liderazgo se puso en entredicho y se amagó en varios momentos con la disolución. Los integrantes se retiraron a componer y trabajaron duro por superar sus diferencias internas, reenfocando el papel de cada miembro y otorgando nuevas responsabilidades. De aquel retiro nació el disco *A Night at the Opera*, que colocó a Queen en el primer plano de la escena musical mundial, con un fuerte impacto en los Estados Unidos a finales de los setenta. Parte de este éxito se debe al sencillo *Bohemian Rhapsody* cuya duración (más de 5 minutos) fue una apuesta personal de la banda en la que ni las discográficas ni los *managers* creyeron en un primer momento.

Los años posteriores fueron una sucesión de las etapas de normalización y desempeño. El grupo ya era conocido internacionalmente y llenaba salas allí donde hacía acto de presencia. Durante los siguientes siete años Queen publicó más de cinco álbumes de estudio, varios recopilatorios y sencillos. Freddie se esforzó por conectar con los fans de una forma que no se había visto antes, con *performances*, efectos de luz y sonido y una actitud sobre el escenario que deleitaba a los más incondicionales.

Sin embargo, el coqueteo con el lado más oscuro de la vida roquera pasó factura a la formación y surgieron una serie de conflictos personales que terminaron por sacarla de los escenarios, destrozando por el camino la vida y la salud de Freddie Mercury. El líder tardó demasiado en darse cuenta de que el grupo necesitaba, aún, una quinta etapa, un cierre feliz, una disolución.

Esta fase llegó con motivo del concierto Live AID en 1985. Freddie llamó a los demás para comunicarles su intención de actuar en el evento, comenzaron a ensayar de nuevo olvidando sus diferencias. Aquella tarde de verano salieron al escenario y ofrecieron un espectáculo que se quedó para siempre en la retina de los asistentes. Varias publicaciones en la prensa especializada lo colocan como el mejor concierto en vivo de la historia y para la banda; fue la forma de terminar aquel proyecto de forma satisfactoria por el trabajo realizado.

Poco después Freddie falleció fruto de varias enfermedades crónicas, dejando para la posteridad un legado difícil de superar.

## 2.5. DANIEL GOLEMAN

El término *gurú* no es tan habitual en la música como en la empresa; cuando alguien es muy bueno musicalmente hablando se usan términos como *artista*, *talento* o *genio*, y en el plano intelectual se refiere a estas personas como melómanas. Conceptos sin duda mucho menos trillados y denostados que gurú. Menciono esto porque el Dr. Daniel Goleman es un artista, o un genio, de la inteligencia emocional y social. Así evitaré la incomodidad que surge si nos referimos a él de cualquier otra forma.

Goleman nació en Stockton (California) en 1946. Hijo de profesores universitarios, estudió antropología en la Universidad de Amherst. Trabajó como redactor de la sección de ciencias de la conducta y del cerebro del periódico *The New York Times*, ha sido editor de la revista *Psychology Today* y profesor de psicología en la Universidad de Harvard, en la que obtuvo su doctorado. Es cofundador de la Collaborative for Academic, Social and Emotional Learning en el Centro de Estudios Infantiles de la Universidad de Yale, cuya misión es ayudar a las escuelas a introducir cursos de educación emocional para niños y adolescentes.

Su interés por la conducta humana le ha llevado a trascender en diversos ámbitos, incluido el de la empresa. Adquirió fama mundial a partir de 1995, cuando lanzó su libro *Inteligencia emocional en la empresa*,[22] que se mantuvo durante más de un año y medio en las listas de más vendidos del *New York Times*. Es un autor imprescindible a la hora de analizar un equipo desde la perspectiva de la inteligencia emocional. Sus libros son especialmente útiles para los líderes, puesto que muestran una gama de estilos que podemos encontrar en las personas que ejercen funciones de este tipo. Un detalle interesante de su clasificación es que a cada estilo le añade un planteamiento efecto-consecuencia en el clima laboral. De entre todos los estilos hay uno al que define como muy positivo, se refiere a él como líder tipo *coach*. Y quiero enseñaros como suena.

---

22 Goleman, D. (1995). *Inteligencia emocional*. Editorial Kairós.

# El líder tipo *coach*

Goleman utiliza un ejemplo narrativo para describir este estilo de liderazgo concreto. En su historia un jefe de grupo y otro de departamento (con mayor responsabilidad) debaten acerca de la idea de cerrar una línea de negocio y cambiar de posición a los empleados. He querido trasladar este ejemplo a la música utilizando la misma idea, pero tomándome la licencia de ponerle ritmo, ritmo flamenco.

Espero que os suene bien.

## La Oliva

Una noche de verano en Sevilla, el grupo de Flamenco La Oliva (acostumbrado a tocar en tablaos abarrotados) observó con incredulidad cómo la recaudación no alcanzaba para cubrir los sueldos de los diez integrantes, el alquiler de la furgoneta y la gasolina. En los últimos meses la situación económica del grupo había caído y su líder, el cantaor Lolo Jiménez, se planteaba un cambio de formato. A su parecer, una formación más reducida, en torno a cinco integrantes en rotación, podría resultar interesante sin que la experiencia se resintiera demasiado. Con la nueva formación esperaba tener más conciertos al año, y poder dar días libres a los músicos gracias a una formación más flexible.

Cuando Lolo planteó esto al resto del grupo surgieron dudas, la idea de no tocar siempre juntos produjo mucha incertidumbre… ¿Perdería brillo su espectáculo? ¿Podrían seguir cobrando lo mismo? ¿Cómo se organizarían los días libres? Todas estas dudas sembraron crispación entre quienes compartían responsabilidades (palmeros, guitarristas, cantaores, bailaores) y surgieron primeras rivalidades para garantizarse una posición en la nueva formación.

Lolo decidió sentar a todo el grupo en el escenario, afrontó el problema por la vía del convencimiento, escuchó las incertidumbres y arrojó algo de luz, prometió ser justo a la hora de elegir a sus acompañantes y se esforzó en señalar que con la nueva estructura el volumen de trabajo crecería sustancialmente, porque alcanzarían nuevo público. Puso en valor los puntos positivos del cambio hasta que notó un cambio de dinámica. Ocurrió algo inesperado, quienes antes competían, ahora organizaban agendas, los músicos empezaron a probar juntos versiones adaptadas del repertorio… su compromiso con el resultado era mayor que el miedo ante la nueva situación, eran de nuevo un equipo.

Lolo se comportó más como un entrenador que como un jefe. Utilizó la transparencia y el respeto hasta que la conversación dio un giro, fue capaz de encontrar un nuevo propósito, ofreció un proyecto al equipo. ¿Qué motivos tenía Lolo para comportarse de esta manera? Él creía en lo que estaba por venir, y confiaba en el talento y futuro que tenían los integrantes de su grupo en la nueva formación.

Como Lolo, los líderes tipo *coach* a los que hace referencia Goleman manejan estupendamente la inteligencia emocional. Ayudan a sus colaboradores, les preocupa el resultado, pero no quieren dejar a nadie atrás. Son capaces de identificar puntos fuertes y débiles y vinculan a los integrantes con sus aspiraciones personales en el corto y medio plazo, a través de la comunicación directa y transparente.

## El estilo del Jefe

Bruce Springsteen, más conocido como «The Boss», es un perfecto ejemplo del estilo de liderazgo del que estamos hablando. Su apodo ya sirve para hacernos una idea de cómo actúa. Bruce está en las antípodas del cantante arrogante y protagonista que impera en la historia de la música, a él se le da muy bien delegar y asignar tareas complicadas, lleva liderando a la E Street Band desde 1973. Os traigo una historia preciosa con la que espero poder convenceros del poder que tiene para los equipos contar con un líder tipo *coach*. Es una historia real.

Cierto día de verano en Leipzig (Alemania) Bruce y su banda se encontraban dando un concierto al aire libre. Desde el público le hacen llegar un cartel con *You Never can Tell* escrito, título del tema del maestro del *rock & roll* Chuck Berry. Bruce reconoce no haber tocado esa canción desde que tenía 16 años, pero recoge el guante y anuncia que se atreve a intentarlo.

A partir de ese momento se instala una calma tensa en el escenario. Todos observan cómo el Jefe se coordina con los demás y esperan indicaciones, están dispuestos a seguirle porque se ha ganado el respeto y le van a apoyar en este reto.

Prueba a encontrar el tono, consulta con Steven, su guitarrista, este le dice que no está llegando… le cuestiona delante de miles de personas. Bruce insiste, cambia de guitarra —igual he sido demasiado ambicioso—, reconoce… Reta al resto, habla con el público y también le pide su ayuda. Es el ejemplo perfecto del liderazgo en acción.

¿Os he puesto los dientes largos? ¿Tienes dudas sobre si lo consiguieron? Gracias a Internet existe un vídeo de lo que os estoy contando. ¡Usa el QR para trasladarte ahora mismo hasta ese momento!

Puedes ver el vídeo de Bruce Springsteen en Leipzig interpretando *You Never Can Tell* a través de este enlace o escaneando el QR:

https://youtu.be/L-Ds-FXGGQg

Muchos líderes no quieren dedicar tiempo a la tediosa tarea de ayudar a crecer al equipo. Sin embargo, y como hemos observado con el ejemplo de Bruce, con una primera puesta en marcha suele ser suficiente. Practicar este estilo cercano e inspiracional supone una notable mejora sobre el rendimiento y el clima laboral. Como *coach* os diré que el *coaching* requiere un diálogo constante, capaz de sacar lo mejor de cada uno y que el equipo se desarrolle.

¿Por qué resulta tan importante este liderazgo del que nos habla Goleman? Porque afecta al compromiso y la responsabilidad, traslada la sensación de que el líder cree ciegamente en su equipo y espera que dé lo mejor de sí. Es importante tener en cuenta que este estilo podría no ser el adecuado para un equipo de reciente creación, donde los integrantes aún no se conocen lo suficiente o no han tenido ocasión de trabajar juntos. La confianza que despliega el líder necesita poder extenderse a un concepto grupal previamente definido.

## Estados de ánimo y contagio emocional

Como ya te he contado, el doctor Goleman es un experto en inteligencia emocional, en sus investigaciones parte de la idea de que como individuos estamos constantemente impactando en los estados cerebrales de otras personas,[23] y que para bien o para mal somos responsables de modular los sentimientos y las emociones de quienes nos rodean. En otras palabras, las emociones se contagian.

Todo esto plantea muchas preguntas: ¿qué acciones te hacen sentir emociones y qué haces con ellas? Quién siente: ¿tú, el otro? ¿Cómo las gestionas? Con frecuencia el remitente tiende a ser la persona más expresiva del grupo, pero si previamente existen roles o diferencias de poder (como en aulas, empresas, organizaciones) el remitente tiende a ser la persona más poderosa. Si trasladamos esta visión a la empresa, significa que el líder es en cierta medida responsable de las emociones que traslada su equipo. Si la banda no suena bien, parte de esa frustración proviene del él o ella. En sentido contrario, si el equipo se muestra optimista, es bastante probable que el estado emocional del líder tenga algo que ver. Para que el contagio de emociones se produzca no basta con contratar personas optimistas, es necesario que interactúen entre sí en el día a día. El contagio emocional (Goleman, D., 1995) no parte de una actitud consciente, sino subconsciente, opera a través de las neuronas espejo y necesitan, por tanto, algo en lo que reflejarse.

Para ilustrar esto sirve un estudio realizado por el Hospital General de Massachusetts en médicos y pacientes durante una sesión

---

[23] Goleman, D. (n.d.). The Social Brain. LinkedIn. https://www.linkedin.com/pulse/20130201162026-117825785-the- social-brain/

de psicoterapia. Las sesiones fueron grabadas y después los pacientes pudieron evaluar e identificar cómo de comprendidos se sentían por el médico. El estudio concluyó que los pacientes se sentían más escuchados cuando existía conexión fisiológica, a través de miradas o contacto.

Según Goleman, hay tres elementos que favorecen una conexión emocional:

- Atención plena: la atención plena nos permite estar presentes en el momento y prestar atención a la otra persona de manera consciente y sin juicios. Esto nos ayuda a establecer una conexión más profunda y auténtica con la otra persona, ya que nos permite estar en sintonía con sus necesidades emocionales y actuar de manera más sensible y adecuada.

- Sincronización no verbal: el segundo elemento que favorece una conexión emocional es la sincronización no verbal. Goleman afirma que la comunicación no verbal, como el contacto visual, el tono de voz y la postura corporal, es fundamental para establecer una conexión emocional con otras personas. Según sus investigaciones, la sincronización puede crear un sentido de confianza y seguridad en la otra persona, lo que aumenta la probabilidad de una conexión emocional auténtica y duradera.

- Sentimiento positivo: el autor sostiene que los sentimientos positivos, como la alegría, el amor y la gratitud, pueden crear una sensación de «flujo intrapersonal» que aumenta la probabilidad de éxito en la conexión emocional. Las personas que experimentan sentimientos positivos tienden a ser más abiertas, comunicativas y empáticas, lo que facilita la creación de relaciones con otras personas.

¿Te has fijado en lo importante que es el contagio emocional para subirse a un escenario? Al poner en práctica estas actitudes en nuestras relaciones, podemos aumentar nuestra capacidad para comprender y responder a las necesidades emocionales de los demás y construir una melodía más fuerte.

## Los cuatro dominios de un líder: el modelo Goleman

De un líder, Goleman espera que tenga iniciativa, capacidad de crear oportunidades y de abordar las cosas como se presentan, con una concepción positiva de lo que está por llegar y lo que se puede conseguir en equipo. En total, el autor despliega en su modelo dieciocho capacidades asociadas a un buen líder; para no extendernos demasiado vamos a hablar de los cuatro dominios generales: autoconciencia, autogestión, conciencia social y gestión de las relaciones.

- *Autoconciencia.* Antes de comprender a los demás es necesario comprenderse a uno mismo. Los líderes con buen nivel de autoconciencia conectan con sus señales internas y reconocen el efecto de sus propias emociones y sentimientos, son sinceros y auténticos. Se valoran a sí mismos, reconocen sus fortalezas y debilidades, admiten el *feedback* y saben cuándo pedir ayuda. Poseen confianza en sí mismos, lo que les hace sacar el máximo rendimiento, destacar y contagiar un sentimiento de fortaleza y positividad.

- *Autogestión.* Goleman asocia al liderazgo la capacidad de controlar las propias emociones y gestionarlas adecuadamente a través de la serenidad y la lucidez. Este dominio engloba para el autor transparencia, adaptabilidad, logros, iniciativa y optimismo. El líder debe trasladar fidelidad a los valores que representa, franqueza en sus comentarios y ausencia de miedo a ser claro con los demás respecto a lo que se cree y lo que se hace, Debe transmitir, en definitiva, control de sí mismo. Si lo hace, será capaz de compaginar diferentes actividades con flexibilidad y pensamiento innovador, o abordar retos personales demostrando ambición y ganas de mejorar continuamente.

- *Conciencia social.* Como ya hemos visto, los estados emocionales se contagian, y los líderes con empatía son capaces de conectar con las emociones de los demás, llegando a experimentar el sentir de todo el grupo. A través de la escucha activa comprenden las diferentes perspectivas, la empatía constituye el mejor antídoto para los problemas de comunicación e interpretación que surgen en los equipos. La conciencia social implica aún más, los líderes con este dominio son astutos en el terreno político, así como con los valores y reglas que rigen en los entornos de trabajo, abordando siempre el día a día con una enorme vocación de servicio.

- *Gestión de las relaciones.* La última de las áreas hace referencia a la forma en la que el líder inspira, influye y ayuda a los demás a desarrollarse. Las personas que dominan este punto poseen un gran poder de seducción, son altamente persuasivas y llevan el liderazgo con facilidad para encontrar y rodearse de las personas clave. Son las verdaderas estrellas de cualquier lugar de trabajo porque generan una atmósfera de armonía y colaboración. El perfil idóneo para cuestionar el *statu quo* al tiempo que se fomenta la lealtad, prácticamente insustituibles.

A pesar de su importancia, la inteligencia emocional sigue siendo una de las habilidades menos extendidas en el mundo empresarial y en la sociedad en general. Goleman nos recuerda que el éxito en nuestras relaciones interpersonales, en nuestro trabajo y en nuestra vida en general depende en gran medida de nuestra capacidad para comprender y manejar nuestras emociones y las emociones de los demás. Su trabajo es un llamado a la acción para fomentar la inteligencia emocional en nuestra sociedad, y un recordatorio de que todos podemos aprender y desarrollar esta habilidad tan valiosa.

## 2.6. PATRICK LENCIONI

Todas las formaciones musicales quieren atraer el mejor talento, aquellos músicos que mejor se desenvuelven con su instrumento. El profesor y escritor norteamericano Patrick Lencioni nos recuerda que ningún músico es perfecto por lo bien que toca su instrumento, también debe poseer capacidad para integrarse, confiar y colaborar con el resto y participar de una melodía común. Sus investigaciones se esfuerzan en señalar que es importante contratar a las personas adecuadas, pero no solo por sus capacidades técnicas o intelectuales, sino también por sus habilidades sociales, integridad y moralidad.

Virtudes como la humildad, el hambre y la empatía sirven al autor para unir gran parte de su discurso. De las tres virtudes la primera es la más importante, hace referencia a la capacidad de las personas para entender que junto a los demás somos más fuertes, y significa la ausencia de egos. El hambre determina las ganas y la capacidad de visualizar el futuro de forma positiva. Por último, la empatía demuestra la conciencia hacia los demás miembros del equipo.

No es fácil encontrar equipos con las tres virtudes en la historia de la música ¿Cuántas bandas han terminado desintegrándose por un exceso de egos? ¿Cuántas por la falta de hambre o empatía? Los mismísimos Beatles fueron víctimas de esta certeza, les sobraba talento, pero carecían de empatía; McCartney y Lennon se pasaron media vida tirándose los trastos a la cabeza. ¿Quiere decir que fracasaron como equipo?... no tanto. Refleja más bien que pudieron haber alcanzado mayor satisfacción colectiva de haberse convertido en lo que Patrick define como un «equipo ideal».[24]

Para reconocer y promover estas virtudes en un equipo lo primero es comprender qué significan con exactitud, y cómo juntas constituyen una estructura imperecedera.[25]

## Las tres virtudes de un equipo de Patrick Lencioni

### *Humildad*

A pesar de que a veces pudiera parecer lo contrario, los músicos que destacan carecen de un ego desmedido y no les preocupa

---

[24] Lencioni, P. (2017). *Equipos ideales: cómo reconocer y cultivar las tres virtudes esencicles.* Empresa active.

[25] Lencioni, P. (2017). *Equipos ideales: Cómo reconocer y cultivar las tres virtudes esenciales* (1.ª ed.). Empresa Activa.

en exceso el estatus. Viven por y para la música, y el grupo es en muchos casos lo más parecido a una familia, se esfuerzan en señalar las contribuciones de los demás y no buscan continuamente acaparar la atención. Es algo que puede verse al final de los conciertos cuando el líder comienza a nombrar uno por uno a los demás integrantes: A la guitarra, ¡Manuel!... En los teclados, ¡Silvia! mientras los abraza y pide al público que aplauda su esfuerzo. Son conscientes de que tener el micrófono sobre el escenario capta casi toda la atención, pero que nada funcionaría sin el resto, así que comparten el mérito, ya que entienden el éxito como algo colectivo.

¿Qué pasa cuando la humildad no aparece en aquellos integrantes que no llevan la voz cantante? A veces, ocurre que cierto componente se considera imprescindible y amaga continuamente con abandonar la formación. En estos casos Lencioni nos recuerda que la humildad no es solo necesaria para el liderazgo, sino que también resulta imprescindible para trabajar en equipo. Por eso no se deben tolerar actitudes carentes de humildad y hay que trabajar para eliminarlas. Es difícil calcular el impacto que causa una persona arrogante, y por el camino puede llegar a deslucir el resultado general, solo por brillar encima del escenario.

¿Cómo podemos reconocer a las personas que carecen de humildad? Lencioni los divide en dos tipos, y ambos tienen en común la inseguridad.

1. Es el más evidente y fácil de identificar. Se trata de personas que centran todo en ellas mismas, tienden a alardear y captar la atención, se mueven por el egoísmo y menoscaban el trabajo de los demás favoreciendo el resentimiento, la división y los malentendidos. Seguro que ya te ha venido a la cabeza una persona que cumple con estas características. Están en todos los equipos, y lo peor es que suelen ser necesarias para una tarea concreta. Suenan fatal.

2. Es menos peligroso, pero aun así incómodo. Son personas que carecen de confianza en sí mismas, y como consecuencia

minimizan sus propios talentos y contribuciones, así que el resto las percibe erróneamente como personas humildes. Lencioni nos recuerda que la humildad no es la ausencia de amor propio, sino de arrogancia. La incapacidad de conocer la propia valía es también un déficit de humildad. Como decía C.S Lewis: «La humildad no es pensar menos de ti mismo, sino pensar menos en ti mismo».

Si bien el segundo tipo parece menos perturbador, igualmente provoca conflictos en el rendimiento general. Alguien con un sentido pobre de su propia valía perjudica al equipo al no defender sus posiciones y no llamar la atención sobre los problemas que observa.

## Hambre

Las personas con «hambre» siempre están buscando algo más que hacer, que aprender, más responsabilidad, etc. Para cualquier líder estas personas son perfectas porque siempre quieren asumir nuevos retos y dejarse la piel. De nuevo el autor nos aclara que ninguna virtud en sí misma es buena si se sobrepasa. Un exceso de hambre puede desembocar en egoísmo o, incluso, en que el individuo no sea capaz de separar el proyecto de su propia vida.

El autor nos propone una clase sana de hambre, aquella que supone un compromiso saludable y sostenible, capaz de redoblar esfuerzos cuando es necesario y de exigir el máximo rendimiento en cada tarea. El autor la define como tremendamente útil y rentable para cualquier equipo.

Si en tu banda los músicos dan el 100% en cada ensayo o vuelven sobre los acordes que aún no tienen dominados, el resultado se dejará notar en los conciertos. En sentido contrario, si son incapaces de mantener esta tensión para dar lo mejor de sí, terminarán convertidos en un lastre, generando desmotivación y requiriendo infinidad de recursos para cumplir con un mínimo éxito su desempeño. Las personas carentes de hambre son muy difíciles de sacar una vez que están a bordo.

## Empatía

En el contexto de un equipo, la empatía hace referencia al sentido común a la hora de tratar con los demás, así como a la capacidad de mantener relaciones interpersonales apropiadas mediante la escucha activa. Las personas empáticas suelen intuir lo que está pasando en una situación grupal, preparándose para abordar los problemas de la manera más eficaz. Hacen buenas preguntas, escuchan lo que dice el resto y no pierden el hilo en las conversaciones. La empatía, elemento fundamental de la inteligencia emocional interpersonal, permite que las personas se apoyen en su juicio e intuición al abordar las sutiles fricciones de las dinámicas grupales. En otras palabras, no obran sin tener en cuenta las reacciones de sus compañeros.

Quizás sea importante resaltar que tener empatía no implica necesariamente tener buenas intenciones. Estos individuos pueden utilizar su virtud para fines buenos o malos. Sin embargo, ser capaz de entender las emociones de los demás y cómo afectan nuestros actos es una herramienta que, bien intencionada, aligera mucho la toma de decisiones y coloca a quien la posee en una buena posición para convencer al resto de sus ideas o intenciones.

## El músico ideal, quien posee equilibrio entre las tres virtudes

En sí mismas las tres virtudes no significan mucho, lo que las hace imprescindibles a ojos de Lencioni es la necesaria combinación y equilibrio de ellas en una misma persona. En caso de carecer de alguna, cualquier integrante tendrá dificultades para convertirse en imprescindible. En el otro lado de la balanza, si posee las tres y es capaz de combinarlas tendrá más probabilidades de convertirse en lo que el autor define como el jugador ideal (Lencioni, P., 2017).

El autor es consciente de que la combinación de las tres actitudes o habilidades a la vez es un requisito difícil. Por eso se esfuerza en señalar grados intermedios, poniendo nombre en su estudio a aquellas personas que solo cuentan con una o dos virtudes combinadas en diferentes maneras. Vamos a echar un vistazo a las categorías, empezando por aquellas que solo tienen una de ellas.

Figura 2.3. Las tres virtudes

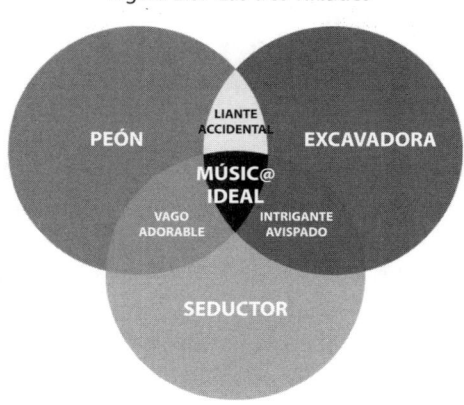

*Fuente:* Lencioni, P. (2017).

## Solo humildad, el peón

Son personas agradables, bondadosas y sin pretensiones. Lencioni se refiere a ellas como «peones». A menudo se quedan fuera de las conversaciones importantes y su influencia en el devenir de la organización es mínima. No generan conflictos, así que sobreviven bastante bien en equipos que valoran la armonía por encima de los resultados.

## Solo hambre, la excavadora

Su entrega y determinación están basadas en sus intereses personales, no son humildes ni empáticas y siempre están buscando algo nuevo que hacer a expensas del efecto que tengan en los demás. A la hora de seleccionar personas para un proyecto, las excavadoras suelen llamar la atención por su determinación y ganas, pero son capaces de agotar o dinamitar rápido cualquier grupo por un exceso de ambición.

### Solo empatía, el seductor

Divertidas e incluso simpáticas durante un tiempo, pero con poco interés en el recorrido de un equipo. Sus habilidades sociales las ayudan a sobrevivir algo más que a sus colegas excavadoras o peones, pero su, escasa, hambre y humildad terminan por arrinconarlas porque nadie en el grupo encuentra utilidad a sus pocas propuestas.

Cuando los integrantes solamente poseen una cualidad, son más fáciles de identificar, sin embargo, cuando combinan dos de las tres virtudes es más difícil, porque cada cualidad lleva asociados defectos ocultos. Los miembros que carecen solo de un rasgo tendrán más posibilidades de resolver sus problemas y convertirse en jugadores ideales.

### Humilde y con hambre, el liante accidental

Es ese compañero que a pesar de su humildad y sus ganas de aportar suele cometer errores, sobre todo en su relación con el resto del equipo. Por lo general no están interesados en recibir elogios ni atención, pero carecen de empatía y eso los lleva a no tener en cuenta el resultado de sus acciones, creando fuentes de conflictos interpersonales. Volviendo por un momento a la música, un buen ejemplo de esto es Keith Richards, guitarrista de los Rolling Stones con sobrado talento, pero inconsciente cada vez que tiene un micro delante. En 2018 afirmó en una entrevista que su compañero Mick Jagger era un padre horrible y debería hacerse la vasectomía,[26] pocos años antes se había burlado del tamaño del aparato reproductor del cantante. Aunque la relación entre ambos sigue en plena forma, es verdad que Richards ha tenido que disculparse públicamente en varias ocasiones por sus meteduras de pata. De los tres tipos que carecen de una cualidad este es el menos peligroso, no tiene mala

---

[26] LOS40. (2022, March 30). Keith Richards la lía al sugerir a Mick Jagger que se haga una vasectomía. https://los40.com/los40/2018/03/02/los40classic/1519984740_307082. html

intención y es capaz de aceptar las observaciones disciplinarias con humor.

### Humilde y empático, pero sin hambre, el vago adorable

No buscan una atención y son expertos en colaborar y preocuparse por los demás. A cambio solo hacen lo que se les pide y rara vez buscan asumir nuevas responsabilidades, con frecuencia necesitan una motivación constante. Son personas encantadoras y positivas, a quienes resulta fácil pasar desapercibidas aportando lo estrictamente necesario y nada más. A los líderes les resulta difícil enfrentarse o eliminar a los vagos adorables, al fin y al cabo, son adorables.

### Con hambre y empático, pero sin humildad, el intrigante avispado

Son personas ambiciosas, dispuestas y activas, que transmiten compromiso y pasión por el resultado, pero esta actitud esconde un interés personal en forma de reconocimiento o algún tipo de mérito. Su competitividad nace de su propio ego, y dado que son tan empáticas los demás las perciben como personas comprometidas y humildes, por lo que es muy difícil identificarlos. Para cuando un líder quiera darse cuenta, el intrigante avispado podría haber sembrado ya la semilla de autodestrucción en los demás, minando el espíritu general.

### Humilde, con hambre y empático, el jugador ideal de equipo

Al fin hemos llegado al jugador ideal. Gracias al autocontrol de las tres virtudes se encuentran cómodos tanto recibiendo como repartiendo elogios, trabajan con energía, pasión y responsabilidad asumiendo que son parte de un rendimiento colectivo y practican la escucha activa tomando en consideración los comentarios de los demás incluso en situaciones difíciles. Son las personas perfectas para cualquier posición, que dejan una profunda y satisfactoria huella en los demás. ¡Ojo! Incluso una persona humilde, con hambre y empatía puede tener un mal momento. Los tres elementos no están permanentemente incrustados en el ADN, sino que se perfeccionan y mantienen a lo largo de la vida, gracias a las experiencias y elecciones en el hogar y el trabajo.

## Cuatro formas de integrar jugadores ideales en la melodía

1. La primera y más evidente sería contratando a estas personas. En la práctica esto resulta difícil porque no existe una herramienta que nos diga, a partir de un currículo y una entrevista personal, qué candidato posee humildad, hambre y empatía en equilibrio.

2. La segunda opción es más compleja, sería analizar el equipo para detectar aquellos integrantes que cumplen con las tres virtudes, ayudar a los empleados a identificar por sí mismos en lo que destacan o (en el peor de los casos) encontrar perfiles que no cumplan con ninguna. Por suerte, la humildad, el hambre o la empatía son rasgos fácilmente identificables, en este caso el papel del líder es fundamental.

3. La tercera opción supone ir más allá del origen para esforzarse en perfeccionar el rendimiento de aquellos empleados que muestran carencias en una o más virtudes en el futuro, veamos cómo mejorar cada una.

   a) La humildad es la más delicada de las tres, ya que en cierta forma todos somos más o menos inseguros, incluso para corregir la inseguridad ajena. Como la falta de humildad entra en conflicto con las aspiraciones de los demás, es necesario el apoyo tanto del líder como del resto del equipo a quien está tratando de mejorar esta virtud.

   b) Para mejorar el hambre en cambio no hace falta que se involucre tanta gente. Basta que el líder sea consciente y lo ponga en conocimiento del empleado. Conseguir que alguien llegue a sentir auténtica hambre supone transformar la personalidad, haciendo crecer su ambición. Hay personas que simplemente rechazan este compromiso y prefieren estar en segundo plano. La manera más eficaz de lograr el cambio es explicando lo útil que resulta su rol en el resultado, ofreciendo expectativas claras y contagiándose de la pasión de sus compañeros. El empleado que en su foro interno desee tener hambre reacciona positivamente ante estos estímulos retadores.

c) Por último, para ayudar a alguien a mejorar su empatía, tendremos que aplicar inteligencia emocional. Quizás esta sea la habilidad más sencilla de mejorar porque es muy difícil que alguien no quiera realizar el esfuerzo de ser más consciente de los demás. Las personas carentes de empatía no saben que lo son, tanto los compañeros como la persona en sí deben ser conscientes y no tolerarlo. Aunque también es recomendable no sobredimensionar el problema ni asociar a la falta de empatía alguna aspiración oculta. Si partimos de la idea de que las intenciones no son hirientes, lo mejor es enfrentar cualquier mejora en el comportamiento con mentalidad positiva, siendo transparentes con el tipo de actitud que esperamos de nosotros y de los demás.

4. Si se tiene la firme convicción de incorporar la humildad, el hambre y la empatía en un equipo, una manera convincente de hacerlo sería insertándolas en el ADN de la organización como un pilar estratégico en todas las relaciones que suceden con empleados, proveedores, clientes, medios de comunicación, etc. Las virtudes dejarán de ser una cuestión individual para convertirse en algo colectivo, una elección global. Convertirse de forma deliberada en la clase de equipo que atrae a los jugadores ideales porque representa todo lo que ellos ansían. Un equipo ideal.

## Las cinco disfunciones de cualquier equipo

Además de exponer las virtudes, Lencioni también supo definir y analizar las cinco disfunciones[27] que impiden el éxito en un equipo. A primera vista pueden parecer generalistas, pero su poder reside en que casi nunca aparecen por separado. De nuevo, es la combinación de una o varias lo que las hace letales para fomentar el compromiso y el desempeño. Estas disfunciones nacen del miedo al conflicto, a llamar la atención y se van extendiendo a otros niveles de la organización atascando la fluidez del trabajo en equipo. Desde su publicación en 2002, *Las cinco disfunciones de un equipo* se ha convertido en un libro de referencia para los líderes en todo el mundo y ha ayudado a innumerables organizaciones a mejorar su rendimiento y eficacia. Lencioni ha señalado que estas disfunciones pueden surgir en cualquier equipo y que es importante reconocerlas y abordarlas de manera proactiva para maximizar el rendimiento y la eficacia del equipo.

- Falta de confianza: si los miembros de un equipo no confían unos en otros, no pueden trabajar juntos eficazmente.

- Miedo al conflicto: si no se sienten cómodos expresando sus opiniones y debatiendo ideas, no pueden tomar decisiones efectivas.

- Falta de compromiso: si no se comprometen plenamente con las decisiones tomadas por el equipo, no hay garantía de que se lleven a cabo con éxito.

- Evitación de responsabilidades: no pueden cumplir con las expectativas y objetivos del equipo si no asumen su papel y consecuencias.

- Falta de atención a los resultados: se pierde de vista el propósito y la visión del equipo.

---

[27] Lencioni, P. (2002). *Las cinco disfunciones de un equipo: Un inteligente modelo para formar un equipo.* Ediciones Granica S.A.

# 3

## Incorporando voces femeninas en el liderazgo

El liderazgo en femenino ha existido desde siempre, aunque parece evidente que su mérito no goza del mismo reconocimiento. En el ámbito de la empresa y el mundo corporativo, el liderazgo de las mujeres empezó a despuntar a partir de los años ochenta, pero alcanzó cotas históricas a mediados de 2018. Los roles fueron transformándose hasta el punto de que la mayoría de las empresas pusieron en marcha medidas para facilitar la conciliación, la equiparación salarial y el acceso de ellas a todo tipo de posiciones.

La historia está salpicada de grandes líderes femeninas: Hipatia, Cleopatra, Frida Kahlo, Boudicca, Victoria Kent, Clara Campoamor, Margarita Salas, Greta Thunberg, Ana Patricia Botín, Marta Ortega, Rocío Osborne, Rosa Tous, Nerea Luis Mingueza, Ona Carbonell, Christine Lagarde, Rosa Parks o Ruth Bader Ginsberg, entre miles. Sus legados son y están siendo imborrables y se producen en todas las esferas de la vida, desde la política monetaria hasta los derechos civiles, sin embargo, seguimos siendo menos en los puestos de poder.

A las mujeres en la empresa nos pasa como en la música *rock*, que no se nos escucha suficiente. En los medios de comunicación, en las reuniones con clientes o en las conferencias el tono de los hombres es el predominante, y con frecuencia la industria suena de una forma demasiado masculina. Dar la vuelta a esta dinámica no ha sido cosa de una empresa, ni de un día, sino que se debe al esfuerzo de las mujeres y de los hombres en su conjunto, en diferentes sectores, que hemos reclamado participar en igualdad de condiciones y lo estamos consiguiendo. Ha llegado la hora de que las chicas hagamos *rock & roll*.

Una de las ventajas fundamentales, si no la que más, es que las nuevas generaciones ya entienden el liderazgo en femenino. Asumen como normal que un equipo esté liderado por una mujer. Factores como la empatía, el espíritu colaborativo y la conciencia social son más valorados cuando la líder es ella; un 52% los cita[28] frente al 43% que lo hace cuando el líder es un hombre. Aunque bajo mi punto de vista aún es pronto para sacar conclusiones. Lo único cierto es que las empresas suenan ahora más femeninas que nunca y eso ya de por sí es una buena noticia.

Dado que el liderazgo determina la forma en que operamos, las empresas pueden contribuir con la paridad de género e integrar la diversidad en su valor agregado. Garantizar el enfoque abierto no solo es lo correcto, sino que también tiene sentido comercial al aportar diferentes perspectivas y, en última instancia, ofrecer soluciones que resuelvan mejor todos los problemas de la comunidad.

De acuerdo con el *Informe Global de Brecha de Género 2022*, las mujeres representan solo el 36% de todos los gerentes.[29] El Foro Económico Mundial prevé que se necesitarán otros 132 años para cerrar por completo la brecha global de género.

¿Qué papel están jugando las empresas españolas para lograr este objetivo? Pues estamos un poco en la media, las grandes empresas

---

[28] Mercado.com.ar. (2019). 52% valora positivamente a su líder cuando es mujer.
[29] World Economic Forum. (2022). The Global Gender Gap Report 2022. Recuperado de https://www3.weforum.org/docs/WEF_GGGR_2022.pdf

se están moviendo y los consejos del IBEX35 cuentan con un 31% de mujeres,[30] sin embargo, la representación femenina es sensiblemente más baja en el conjunto de compañías y se estima que no pasa del 20% si se consideran las 1.000 compañías más grandes de nuestro país

Por sectores, las mujeres tienen más presencia como líderes en las áreas de atención al cliente, recursos humanos y administración según un estudio de InfoJobs.[31] Existe una cuarta área en la que también ellas llevan la voz cantante, comunicación, donde el 51% de los departamentos están liderados por ellas.

## 3.1. BAILAR EN LA BRECHA (DE GÉNERO)

Pero volvamos un momento a la música. Me encanta bailar, cualquiera que me conozca un poco lo sabe, a veces lo hago por diversión y otras por necesidad. Cuando bailo por necesidad, lo hago para evadirme de mis problemas, mis frustraciones y mis miedos, algunas veces estos problemas nacen de cuestiones relacionadas con la brecha que yo misma encuentro. Sesgos, roles, comportamiento o actitudes que sirven a quienes me rodean para recordarme que soy mujer, como si lo necesitara. Esos días pongo música y empiezo a moverme, son días de bailar en la brecha.

Las mujeres tenemos que bailar porque la brecha no puede permanecer estática, y debemos marcar el ritmo. Ninguna mujer puede aguantar en una situación de inferioridad sin rebelarse o, en el peor de los casos, sin caer. Cuando bailo en la brecha, estoy preparando mi próximo paso, aguanto el ritmo de la vida porque (además de mujer) soy una gran profesional que ha aprendido a bailar con esas situaciones.

---

[30] IESE Business School (2022). Mujeres en los consejos de Ibex 35 2022.
[31] InfoJobs (2021). Solo el 9% de las trabajadoras españolas ocupa un cargo directivo. Recuperado de https://nosotros.infojobs.net/prensa/notas-prensa/solo-9-las-trabajadoras-espanolas-ocupa-cargo-cirectivo

La polémica sobre la brecha levanta más atención que nunca porque después de décadas de medidas legislativas orientadas a lograr una plena igualdad aún no se ha conseguido, y esto suscita muchas dudas. Podemos sentirnos afortunadas, vivimos una época de avances que no solo estamos aprovechando nosotras, sino que servirán también para las que vengan. La empresa con más facturación en España, el Banco Santander, tiene al frente a una mujer. Es verdad que se trata de la hija del fundador, pero nadie pone en duda su preparación y sus méritos hasta alcanzar ese puesto, esto hace unos años hubiese sido impensable. Ana Patricia Botín, Marta Ortega son ejemplo de liderazgo. Este profundo, aunque escaso, cambio en los roles se manifiesta en otras facetas de la vida; las mujeres tienen ahora mayor poder adquisitivo, son el 60% de las licenciadas universitarias y gozan de mayor libertad para emprender o llevar a cabo su propio proyecto. Un estudio de Illuminate Ventures,[32] consultora especializada en inversión de capital riesgo, revela que las compañías tecnológicas fundadas por mujeres usan el capital de un modo más eficiente que la mayoría. Hoy más que nunca estamos a punto de convertirnos en una fuerza empresarial líder y de confianza en el campo de la tecnología. Yaiza Canosa, fundadora de GOI, es un perfecto ejemplo de esto que estoy hablando…, y ni de lejos es la única.

Una de las herramientas más efectivas para alcanzar la paridad son las cuotas de participación, aunque aún hay quien se resiste a aplicar medidas en este sentido. Debo señalar que a mi juicio no son la solución definitiva, sino más bien transitoria. Centrarse solo y únicamente en las cuotas mitiga, pero no compensa, se consiguen datos y tendencias que sirven para señalar que aún queda trabajo por hacer. Si por el contrario nos centramos en generar confianza, en aportar herramientas y desarrollar el talento de las nuevas generaciones de mujeres, lograríamos no solo cambiar las cifras, sino provocar un terremoto en toda la cadena.

---

[32] Illuminate Ventures. (2012). High Performance Entrepreneurs: Women in High Tech. Recuperado de https://illuminate.com/wp- content/uploads/2010/01/High-Performance-Entrepreneurs-2012.pdf

Necesitamos verificar lo que Carolyn Tastad,[33] presidenta del Grupo P&G, define como puntos ciegos. Hitos en el camino al liderazgo definidos por sesgos conscientes o inconscientes que no permiten observar todo el lienzo. Tomemos como ejemplos las políticas de maternidad... están presentes en muchas empresas, pero no han permitido reducir la brecha ¿Por qué? porque es un punto de inflexión profesional, un punto ciego, que afecta única y exclusivamente a las mujeres. A medida que más hombres experimenten el proceso de abandonar su empleo, enfocarse en las necesidades de la familia y después volver a trabajar, serán más empáticos con las necesidades de los futuros padres y evidentemente, también con las madres. Esto afecta realmente a toda la cadena porque implica un cambio mental. Para aprender a bailar en la brecha es importante saber bailar en familia, con la empatía (de esto Goleman habla un rato) que se genera en el núcleo familiar y que debe poder trasladarse a los entornos de trabajo y el liderazgo.

Para este capítulo he querido rescatar distintas trayectorias de liderazgo femenino en el mundo de la empresa y también en el de la música, un entorno en el que también hacen falta referentes claros para las nuevas generaciones. El arte es además un sector especialmente arenoso para que una mujer triunfe. En palabras de Carmen Zapata,[34] presidenta de Mujeres de la Industria Musical (MIM):

> Las chicas, cuando tienen que exponerse, abandonan porque son juzgadas con inquina. Cuando se suben a un escenario, por ejemplo, se las escruta con más exhaustividad. No solo se enjuicia su parte artística, sino incluso su aspecto.

---

[33] Tastad, C. (2021, 9 de marzo). El liderazgo inclusivo no es solo una cuestión de diversidad, sino también de reconocer nuestros puntos ciegos [Mensaje de blog]. Recuperado el 19 de abril de 2023, de https://www.linkedin.com/pulse/inclusive-leadership-not-just-diversity-also-recognizing-tastad/

[34] Zapata, C. (2021, 29 de enero). Carmen Zapata, presidenta de MIM: «Las chicas, cuando tienen que exponerse, abandonan porque son juzgadas con inquina». *El Periódico.* https://www.elperiodico.com/es/ocio-y-cultura/20210129/carmen-zapata-presidenta-mim-chicas-exponerse-abandonan-11414279

Y no se debe, según Carmen, a que no existan grupos femeninos o mixtos, sino a la programación de festivales y salas que, con mayor asiduidad, se decantan por las bandas compuestas por hombres. Hay excepciones, como el festival Fiesta Furiosa, donde el reparto es 80-20 a favor de ellas. Como digo, se trata de una excepción.

Fuera de las tablas el dilema se repite. Es difícil encontrar mujeres montando escenarios, como *managers*, programadoras de salas o técnicas de sonido. Rocío Saiz, reputada organizadora de eventos, ofrecía una panorámica completa en un reportaje ofrecido por el diario *Público* allá por 2017:[35]

> Ser chica sobre un escenario es muy complicado, porque tienes que luchar contra cierto tipo de público y de técnicos. (…). El trabajo en la parte técnica es una guerra constante. Los hombres, a veces, ni te miran. Como *tour* mánager, he padecido situaciones tan *heavies* que me estoy quitando de la producción, porque estoy muy desmotivada (…). Las marcas se sienten atacadas porque ven esas propuestas como algo reivindicativo, cuando es algo normal.

En el reportaje también se muestra una lista muy completa de mujeres que están triunfando en el panorama musical español, no solo como artistas, sino como productoras, *managers*, programadoras de sala o *backstages*, la lectura completa resulta muy inspiradora.

## 3.2. LAS MUJERES DE LA CUARTA REVOLUCIÓN INDUSTRIAL

Google, Tesla, Amazon, Apple, Facebook, Twitter… son las grandes corporaciones de la cuarta revolución industrial, las que supieron estar en el momento idóneo con la idea perfecta para crear un modelo de negocio de éxito, cuya facturación anual supera los

---

[35] Molina, I. (2021, 8 de marzo). Mujeres de la industria musical: «Queremos que la música sea un espacio seguro para todas» [Artículo periodístico]. *Público*. Recuperado el 19 de abril de 2023, de https://www.publico.es/culturas/mujeres-industria-musica.html

100 billones de dólares. Todas se jactan de poner en marcha medidas para incorporar a la mujer en la dirección, pero hay que rascar mucho hacia abajo en sus organigramas para encontrar una directora ejecutiva.

Y es que a raíz de esta revolución tecnológica se está produciendo otra brecha, la digital. Aunque las mujeres son mayoría en la universidad, cada vez son menos las que, en España, se decantan por una carrera de ciencias, matemáticas, ingeniería o tecnología. Solo 1 de cada 4 estudiantes de ingeniería es mujer; como resultado el 82% de los departamentos de tecnología cuentan con un hombre al frente. La época actual está basada en un fuerte *background* tecnológico, pero si las mujeres no se sienten seducidas por estas carreras, si no existe capital humano femenino especializado, su rol seguirá sin ser determinante en un mundo profesional interconectado.

No tiene por qué ser así, el futuro no se diseña a sí mismo. La digitalización ofrece muchas oportunidades que pueden beneficiar y empoderar a las mujeres, ya que mejora el acceso a la educación y el empleo. En la mayoría de los aspectos, desde el análisis de datos, la selección de candidatos, el aprendizaje y el desarrollo, la gestión del talento, la comunicación de los empleados, la salud y el bienestar... la tecnología aplicada correctamente puede permitir la implementación consistente de prácticas, procesos y programas que apoyen la diversidad. Si la transición a la cuarta revolución industrial se maneja bien, podría abrir la puerta a roles nuevos y más altamente recompensados para las mujeres. Por lo tanto, este es un momento perfecto para que las empresas actúen conscientemente y tomen decisiones deliberadas para asegurarse de que estamos construyendo organizaciones inclusivas. Se podría comenzar revisando los roles emergentes: *communities, data scientist, UX/UI, developers...*, que serán críticos para el crecimiento empresarial en los próximos años, y asegurar la diversidad en las tuberías que los alimentan.

Es importante que las empresas se aseguren de que las mujeres no corren el riesgo de retrasarse aún más en la participación y el liderazgo. Utilizar los datos para medir cómo están evolucionando los indicadores en este sentido es fundamental. Según el Informe Global de Brecha de Género, el 81% de las organizaciones a nivel mundial informan que incluyen la diversidad y la inclusión en lo más alto de su agenda, pero solo el 64% realiza un seguimiento de su efectividad. El 42% de las organizaciones tienen una estrategia documentada de varios años, mientras que la mitad establece objetivos y metas formales y cuantitativas de D&I. El informe también señala que las mujeres tienen más representación en los roles afectados por la automatización y en general, tienden a estudiar carreras más cortas, cobran salarios más bajos, toman más tiempo libre del trabajo para cuidar a niños o ancianos y viven más tiempo.

Será importante que las empresas revisen los cambios que se necesitan en la estrategia de la fuerza laboral con una perspectiva de género para desarrollar planes de capacitación y transición en consecuencia. Si queremos tomarnos en serio la aceleración de la paridad de género, debemos comenzar acciones basadas en los datos; al final lo importante es crear lugares de trabajo que permitan la capacitación, la incorporación de nuevas formas de trabajo y crear empleados resilientes y capacitados para abordarlas.

Ahora que tenemos una visión más clara del panorama, vamos a conocer a las directoras de orquesta que ha marcado o están marcando el ritmo.

## Sheryl Sandberg

Con su dominio de la tecnología y su recorrido por algunas de las compañías más punteras del mundo, Sheryl Sandberg ha demostrado ser una líder inspiradora y una defensora incansable de la igualdad de género en el ámbito laboral. Nació el 28 de agosto de 1969 en Washington D.C. Obtuvo su licenciatura en Economía *summa cum laude* en la Universidad de Harvard, y continuó sus estudios en la Escuela de Negocios de Harvard, donde obtuvo un MBA con distinción. Su sólida formación académica sentó las bases para una exitosa carrera en el mundo empresarial, y se convirtió rápidamente en una de las mujeres más prometedoras en el sector tecnológico de los Estados Unidos. Sheryl es conocida por su carácter enérgico y su capacidad para liderar con empatía; hablamos de una defensora apasionada de la creación de entornos de trabajo inclusivos y equitativos que aboga por que las mujeres ocupen roles de liderazgo y desafía los estereotipos de género en el mundo empresarial. Su enfoque de liderazgo fomenta la colaboración y la participación, es conocida por un estilo orientado a resultados, que anima a los demás a asumir responsabilidades y a tomar decisiones. Su capacidad para motivar e inspirar a quienes la rodean ha sido fundamental para el éxito de su carrera.

### La gran pionera del sector tecnológico

En 2001, Sandberg se unió a Google como vicepresidenta de Operaciones en línea y Ventas Globales, allí desempeñó un papel fundamental en el desarrollo y crecimiento de la compañía. Luego, en 2008, fue reclutada por Facebook como directora de Operaciones (COO), convirtiéndose en la primera mujer en formar parte de la junta directiva de la empresa. Uno de los mayores logros de Sandberg fue su contribución al crecimiento exponencial de Facebook. Bajo su liderazgo, la compañía experimentó una expansión global y estableció importantes asociaciones estratégicas. Además, Sandberg ha sido una voz influyente en el desarrollo de la plataforma publicitaria de la red social, lo que todavía hoy supone la mayor fuente de ingresos de la empresa.

Además de sus logros profesionales, uno de los mayores legados de Sandberg ha sido su compromiso con la promoción de la igualdad de género en el ámbito laboral. En 2013, publicó su libro *Lean In: Mujeres, trabajo y la voluntad de liderar,*[36] donde aborda los desafíos que enfrentan las mujeres en el mundo ejecutivo, particularmente en el sector IT, y ofrece consejos prácticos para superarlos.

---

[36] Sandberg, S. (2013). *Lean In: Women, Work, and the Will to Lead.* Alfred A. Knopf.

Su trabajo ha inspirado a mujeres de todo el mundo a perseguir sus metas y desafiar las barreras que encuentran en su camino.

## Brené Brown

Brené es una reconocida investigadora, autora y conferencista que ha destacado por su trabajo en el ámbito del liderazgo, la vulnerabilidad y la resiliencia. De hecho, es en el campo de la vulnerabilidad donde su estudio ha sido más específico y determinante; a través de sus investigaciones, ha desafiado las percepciones tradicionales sobre el liderazgo y ha inspirado a millones de personas a abrazar su autenticidad y a cultivar relaciones profesionales y personales significativas.

Brené Brown nació el 18 de noviembre de 1965 en San Antonio, Texas. Comenzó su carrera académica obteniendo una licenciatura en Trabajo Social en la Universidad de Texas en Austin. Posteriormente, obtuvo su maestría en Trabajo Social y su doctorado en Trabajo Social de la Universidad de Houston. Su interés por el estudio de la vulnerabilidad, la vergüenza y la empatía la impulsó a realizar investigaciones innovadoras en estos campos. A lo largo de su trayectoria, Brown ha impartido conferencias y talleres en numerosas organizaciones, incluyendo empresas, universidades y grupos comunitarios. Sus TED Talks[37] «El poder de la vulnerabilidad» y «Escuchando la vergüenza», acumulan millones de visualizaciones y han generado un impacto significativo en la forma en que percibimos el liderazgo y las relaciones humanas.

### La importancia de la vulnerabilidad

Su trabajo de investigación ha revelado la importancia la vulnerabilidad como un factor clave para cultivar la resiliencia y el crecimiento personal. En sus libros, entre los que te recomiendo *The*

---

[37] TED Talks. (n.d.). Brené Brown. Recuperado el 19 de junio de 2023, de https://www.ted.com/speakers/brene_brown

*Gifts of Imperfection* [38] o *Braving the Wilderness* [39] profundiza de forma magistral en la línea entre lo emocional y lo profesional, aportando datos concretos, fuentes fiables y un sinfín de reflexiones que obligan a la introspección.

Brené ha sido reconocida por su capacidad para traducir conceptos complejos en mensajes claros y accesibles. Una muestra más de cómo la forma de contar las cosas importa e impacta, su estilo de comunicación cálido y genuino alcanza a personas de diferentes ámbitos, y ha sido el catalizador de transformaciones personales y organizacionales significativas. Es conocida por su disposición para abordar temas difíciles y para compartir sus propias experiencias, lo que la convierte en una líder accesible y cercana. Promueve la idea de que el liderazgo se basa en la vulnerabilidad y la conexión humana, en lugar de en el poder y la autoridad tradicionales. Enfatiza en la importancia de construir culturas organizacionales donde la confianza, la empatía y la inclusión sean valores fundamentales.

En resumen, Brené nos recuerda la importancia de la autenticidad en un mundo cada vez más impulsado por el éxito y la perfección. Su trabajo ha tocado las vidas de mucha gente y ha dejado una marca duradera en el ámbito del liderazgo y el desarrollo personal. Espero que también lo haga contigo.

## Gloria Feldt

Gloria Feldt es una destacada defensora de los derechos de las mujeres y una líder inspiradora en el ámbito del activismo y la política. A través de su incansable lucha por la igualdad, ha dejado una huella duradera en la sociedad y ha desafiado las barreras que limitan el potencial de las mujeres. Es conocida por su valentía, su

---

[38] Brown, B. (2010). *The Gifts of Imperfection: Let Go of Who You Think You're Supposed to Be and Embrace Who You Are*. Hazelden Publishing.
[39] Brown, B. (2017). *Braving the Wilderness: The Quest for True Belonging and the Courage to Stand Alone*. Random House.

determinación y su habilidad para articular una visión poderosa y convincente. Su visión del liderazgo se basa en que las mujeres tienen el poder de crear cambios significativos en sus vidas y en la sociedad en su conjunto. Anima a las mujeres a reclamar su poder y a desafiar las limitaciones y los estereotipos de género.

Nació el 13 de abril de 1942 en Temple, Texas, Estados Unidos. Comenzó su carrera como maestra y posteriormente se involucró en el activismo feminista. Es cofundadora y expresidenta de Take The Lead, una organización que busca cerrar la brecha de liderazgo de género proporcionando a las mujeres las herramientas y los recursos necesarios para alcanzar el éxito en sus carreras. En su trayectoria profesional desempeñó durante casi una década el rol de presidenta de la organización Planned Parenthood Federation of America. Durante su mandato lideró iniciativas para expandir el acceso a la atención médica, educación y servicios de planificación familiar. Su carácter audaz y su habilidad para movilizar a la comunidad ayudaron a proteger y promover los derechos de las mujeres en todo el país.

Además, Feldt ha sido autora de varios libros influyentes, incluyendo *No Excuses: 9 Ways Women Can Change How We Think About Power*,[40] donde aborda las barreras culturales y sistémicas que limitan el poder y el liderazgo de las mujeres, y ofrece estrategias para superarlas y lograr un cambio significativo.

Es además una ferviente defensora de la inclusión y la diversidad en el liderazgo. Reconoce la importancia de ampliar la representación de las mujeres en todos los niveles de poder y aboga por la creación de entornos inclusivos que valoren y fomenten la contribución de todas las personas. Su trabajo continúa siendo relevante y su voz sigue resonando en la búsqueda de un mundo donde todas las personas tengan igualdad de oportunidades y poder para alcanzar su máximo potencial.

---

[40] Feldt, G. (2010). *No Excuses: 9 Ways Women Can Change How We Think About Power.* Seal Press

## Sally Helgesen

Hablamos ahora de una destacada experta en liderazgo. Con su experiencia y perspectiva únicas, Helgesen ha desafiado los estereotipos de género y ha fomentado un enfoque más inclusivo y colaborativo en el mundo empresarial. Su trabajo ha inspirado a mujeres de todo el mundo a alcanzar su máximo potencial. Es una autora y consultora reconocida internacionalmente en el campo del liderazgo femenino. Ha escrito numerosos libros y ha colaborado con organizaciones en la implementación de programas de liderazgo inclusivo a nivel global.

Su papel más destacado ha sido la contribución a la visibilidad y el reconocimiento del liderazgo femenino. A través de su libro *The Female Advantage*,[41] Helgesen presentó una visión integral de las cualidades y habilidades distintivas que las mujeres aportan al liderazgo. Su enfoque se basa en la idea de que las mujeres pueden liderar de manera efectiva al aprovechar sus fortalezas únicas, como la empatía, la colaboración y la capacidad para construir relaciones sólidas. La autora también ha abogado por la importancia de crear entornos que valoren y promuevan la diversidad. Su trabajo ha sido fundamental en la promoción de la equidad y en la demolición de barreras que impiden el avance de las mujeres en roles de liderazgo.

### Enfoque en la colaboración

Uno de los aspectos distintivos de Sally Helgesen es su énfasis en la colaboración como una forma efectiva de liderazgo. Sostiene que las mujeres tienen una capacidad natural para fomentar la colaboración y construir relaciones sólidas, lo cual es fundamental para el éxito. En su trabajo destaca la importancia de abandonar el paradigma de liderazgo basado en el control y el poder, y en su lugar adoptar un enfoque más colaborativo y participativo para abordar

---

[41] Helgesen, S. (1990). *The Female Advantage: Women's Ways of Leadership.* Currency Double-day.

desafíos complejos y lograr resultados sostenibles. Entre las herramientas, Sally señala la importancia de la escucha activa, la apertura a diferentes perspectivas y la construcción de relaciones basadas en la confianza y el respeto. Suena muy bien, ¿verdad?

## Rosabeth Moss Kanter

Rosabeth es una influyente académica y autora en el campo del liderazgo y la gestión empresarial. A lo largo de su carrera, ha desempeñado un papel fundamental en la promoción de la innovación, el liderazgo inclusivo y el empoderamiento de las personas en el entorno laboral.

Rosabeth Moss Kanter nació el 15 de marzo de 1943 en Cleveland, Ohio, Estados Unidos. Es profesora de Administración de Empresas en la Harvard Business School, donde ha enseñado durante décadas. Es autora de numerosos libros aclamados, entre ellos, *The Change Masters* [42] y *Evolve!: Succeeding in the Digital Culture of Tomorrow.* [43] En sus investigaciones aborda temas como la innovación, la gestión del cambio, el liderazgo inclusivo y la responsabilidad social empresarial.

Sin duda, uno de sus logros más destacados ha sido integrar la innovación y la creatividad en el entorno empresarial. Gracias a su trabajo, líderes de organizaciones en todo el mundo han adoptado una mentalidad de cambio y fomentado la colaboración y la participación. Como las anteriores autoras, Kanter también ha sido una defensora del liderazgo inclusivo y ha abogado por la importancia de eliminar las barreras y los prejuicios que limitan el potencial de las personas en el lugar de trabajo. Su enfoque destaca la necesidad de valorar y aprovechar la diversidad de perspectivas y talentos para impulsar la innovación.

---

[42] Kanter, R. M. (1983). *The Change Masters: Innovations for Productivity in the American Corporation.* Simon & Schuster.
[43] Kanter, R. M. (2001). *Evolve!: Succeeding in the Digital Culture of Tomorrow.* Harvard Business School Press.

## Todos los individuos poseen la capacidad de liderar

Rosabeth mantiene la creencia de que todos los individuos tienen la capacidad de liderar y generar cambios significativos. Explica la autora que allí donde las personas se sientan empoderadas y valoradas serán capaces de aportar sus ideas y llevar a cabo contribuciones destacadas. Kanter también ha subrayado la necesidad de que los líderes sean agentes de cambio positivo y responsables socialmente. Éticos, justos y orientados hacia un propósito más amplio que beneficie a la sociedad en su conjunto. El legado de Rosabeth Moss Kanter se evidencia en su capacidad para inspirar y desafiar a líderes y organizaciones a adoptar un enfoque más inclusivo, creativo y responsable. Su trabajo continúa siendo relevante en un mundo empresarial en constante cambio, donde la innovación, el liderazgo y la responsabilidad social son fundamentales para el éxito sostenible. Perdurará como una guía para los líderes del futuro que buscan transformar organizaciones y fomentar una cultura de innovación y colaboración.

## Pilar Jericó

En los pasillos de las altas esferas empresariales resuena con fuerza el nombre de Pilar Jericó, una mujer cuya presencia ejemplifica el liderazgo femenino patrio. Como presidenta ejecutiva y fundadora de la consultora Be-Up, ha dejado una huella imborrable en el mundo del desarrollo organizacional. Su historia comenzó cuando se atrevió a trazar un rumbo propio en un terreno dominado por hombres, la consultoría de talento y liderazgo.

Pilar ha desafiado las convenciones y se ha convertido en un referente, labrando un camino que serviría después a las nuevas generaciones. Con cada paso que da sigue dejando huella, forjando líderes que impulsarán un futuro lleno de oportunidades y transformación. Las mujeres necesitamos más mentes como la de Pilar, dispuestas a desafiar lo establecido y a liderar con pasión y propósito. Es un recordatorio constante de que todos tenemos la capacidad de marcar la diferencia, si nos atrevemos a soñar en grande y a perseguir nuestras metas con determinación.

En sus intervenciones es capaz de inyectar nuevas perspectivas en la mente de sus oyentes, transformando la manera en que perciben el mundo empresarial. Su capacidad para comunicar con elocuencia y claridad ha hecho que sus *bestsellers* se conviertan en verdaderos manuales para aquellos que anhelaban un cambio significativo en sus organizaciones.

## Forjando líderes con visión

Pilar posee un inagotable afán por impulsar el desarrollo del liderazgo en todos los niveles de la sociedad, no solo en las organizaciones. Su habilidad para adaptarse a diversos contextos y culturas le permite conectar con una amplia gama de personas. Su estilo didáctico y cercano es un factor clave para generar empatía; a través de anécdotas y ejemplos de la vida real enriquece sus enseñanzas y permite a sus oyentes visualizar cómo aplicar el liderazgo en su día a día, de manera transversal y con visión amplia.

Pilar no habla solo de conceptos abstractos, sino que expone herramientas que cualquiera puede incorporar en el día a día. Hace música para todo el mundo.

## Una voz influyente con visión humanista

La pluma de Pilar Jericó no solo impacta a quienes asisten a sus conferencias. Su blog, visitado por más de 3 millones de lectores al año, se ha convertido en un *must* en temas de liderazgo, cambio organizacional y desarrollo personal. Cada artículo que escribe funciona como una brújula que guía a los líderes en su camino hacia la excelencia y la innovación.

A través de sus libros, ha logrado plasmar su profundo conocimiento en el ámbito del liderazgo y el desarrollo personal, con un marcado acento humanista. En *Mejor líder, peor jefe*[44] desafía los paradigmas tradicionales del mando y sugiere formas más humanas y colaborativas de liderar, potenciando así el desarrollo de equipos y talento. Igualmente, en *La dimensión humana en la empresa*[45] Pilar destaca la importancia de reconocer el valor del factor humano en el éxito empresarial, abordando temas como la motivación, el compromiso y la empatía en el ámbito laboral.

Detrás de su éxito como escritora, conferenciante y consultora, se encuentra una mente incansable y apasionada por el conocimiento. Su formación como profesora en escuelas de negocios nutre su habilidad para crear un puente entre la teoría y la práctica, facilitando así la comprensión y la aplicación de los conceptos más complejos.

## 3.3. *PLAYLIST* EN FEMENINO

Como ya he mencionado anteriormente, este libro quiere sonar, y sonar bien. Así que en este capítulo me apetecía mucho hacer una *playlist* puramente femenina. Son historias de artistas, todas ellas mujeres, que han tenido que tirar de instinto y trabajo duro para llegar hasta donde están ahora. Tenacidad, carácter, sororidad e innovación en estado puro, en definitiva, liderazgo. Estoy segura de que te encantará y, no te cortes, ¡sube el volumen!

### Azúcar Moreno: puro carácter

Las hermanas Salazar se han hecho un hueco para siempre en la memoria colectiva de la música española. Antes de alcanzar el éxito, antes incluso de empezar como dúo, actuaban para Los Chunguitos. Ellas fueron de las primeras en romper este techo de cristal.

Nacidas en Extremadura y criadas en Madrid, en 1984 lanzaron su primer álbum *Con la miel en los labios*, que llegó a ser disco de oro.

---

44 Jericó, P. (2014). *Mejor líder, peor jefe*. Barcelona, España: Alienta Editorial.
45 Jericó, P. (2016). *La dimensión humana en la empresa*. Barcelona, España: Plataforma Editorial.

Después vinieron varios discos más hasta que con *Debajo del olivo* consiguieron la increíble cifra de 80.000 copias vendidas en España. Todo un récord para la época.

Hay un momento de su trayectoria que dejó huella, fue en 1990 durante su participación en el Festival de Eurovisión en Zagreb. Actuaban abriendo el certamen y la pista pregrabada con la percusión empezó tarde por un fallo técnico. En ese momento ambas se miran, conversan y toman la decisión en firme de abandonar el escenario hasta que todo esté en perfectas condiciones. Hace falta tener coraje para no perder los nervios ante una situación como esta, y las Azúcar Moreno demostraron estar preparadas para afrontar cualquier inconveniente sin arrugarse lo más mínimo. Puro trabajo en equipo. Finalmente, la organización solucionó el problema y las Salazar volvieron a casa con una respetable quinta plaza. El tema *Bandido*, una fusión de música *dance* y flamenco, fue seleccionada en 2005 por la Unión Europea de Radiodifusión como una de las mejores canciones y actuaciones de la historia del certamen, editándose en un CD y DVD conmemorativo del festival.

## Spice Girls: el comienzo de la sororidad

A mediados de 1996, Gran Bretaña estaba a punto de salir de casi dos décadas de políticas conservadoras aplicadas con mano de hierro por Margaret Thatcher y, posteriormente, John Major. El país necesitaba un soplo de alegría, y como de la nada surgieron las Spice Girls, el grupo de música femenino más exitoso de todos los tiempos. Su propuesta diversa, empoderada y multicultural, las letras de sus canciones y, por qué no decirlo, su atractivo arrebatador, cambiaron para siempre la historia de la música hecha por mujeres.

Gery representaba la liberación sexual en su estilo más provocador. Emma era más discreta, aunque con un punto travieso. Victoria vivía por y para el lujo y la moda. Mel B seducía con su carácter que cruzaba fronteras y Mel C invitaba a las chicas a ponerse en forma y romper con los cánones estéticos. Una propuesta diversa pero convincente, únicamente femenina, que empoderó para siempre a chicas de todas las generaciones ofreciendo cinco referentes de *Wannabe*. «Yo te diré qué es lo que quiero, que es lo que realmente realmente quiero» se escuchaba en la canción, que escondía algo más que marketing.

## Björk: la innovación que vino de Islandia

Quizás no es la más conocida por el público general, pero la cantante islandesa Björk es una fuera de serie. La crítica se le ha echado encima en numerosas ocasiones porque sus letras y su estilo no encajan con el *mainstream* musical. No se resigna a hacer lo mismo que hacen los demás y está constantemente innovando, inspirando, mejorando... pone muy nerviosa a la industria porque, literalmente, no pueden controlarla. En su trabajo hemos visto casi de todo. Sus videoclips son un torrente de creatividad y, encima de las tablas, despliega escenografías oníricas y alienígenas que dejan a todo el mundo desconcertado. En el año 2001 tuvo como objetivo conseguir sonidos que no perdieran calidad ni acabaran distorsionados al descargarse de plataformas P2P como Napster (que por aquel entonces dominaban el mercado). Desde entonces sus lanzamientos se caracterizan por una propuesta técnica, de comunicación o artística innovadora.

En lo que se refiere a instrumentos no le ha hecho de menos a nada. Utilizó una Reactable (mesa de sonidos por la que se desplazan objetos) e introdujo el sonido de un Gameleste, un gramófono amplificado y varios instrumentos de los que nadie había oído hablar en varios temas de su disco *Biophilia*. Este álbum fue una revolución en el plano emocional, ya que contaba con su propia aplicación para iPad, donde los fans podían interactuar con la música a través de juegos, visualizaciones o ensayos académicos. Con la ayuda de la inteligencia artificial de Microsoft, la artista ha construido un sistema que genera variaciones basadas en el corpus musical de Björk, y las integra con lo que está ocurriendo en tiempo real. Amaneceres, atardeceres, nubes, lluvia, bandadas de pájaros y aviones ponen su granito de arena en la generación de melodías inéditas, que ambientan el vestíbulo del hotel neoyorquino Sister City, especialmente destinado a mujeres.

## Dover: la tenacidad del *rock*

La de las hermanas Llanos es una historia de tenacidad hasta hacerse un hueco en el mundo de la música *rock*, más en concreto del *grunge*. Algunas de sus canciones se han convertido en inmortales, seduciendo a varias generaciones, pero lo tuvieron difícil desde el principio. De su primer álbum, *Sister,* apenas se vendieron 500 copias.

Cristina y Amparo Llanos fundaron Dover en Madrid en 1992. Su rostro siempre estuvo capitaneando la imagen del grupo; las entrevistas, las declaraciones a la prensa y las firmas de discos contaban con su presencia, a pesar de que la formación tenía otros dos integrantes. En total el grupo ha publicado ocho álbumes que han superado los dos millones de ejemplares.

El recorrido de Dover es interesante porque muestra cómo cualquier líder (o pareja de) puede dar muchas vueltas y pasar por diferentes fases antes de llevar a buen puerto su proyecto. Tras el lanzamiento del disco debut, el bajista abandonó el grupo y tuvo que ser sustituido. En 1997 cambiaron su sello por Subterfuge Records y lanzaron su segundo trabajo, *Devil Came to Me*, su obra más importante. Alcanzaron la gloria llegando a ser disco de oro, algo inédito por aquel entonces para un grupo de *rock* que además cantaba en inglés. Durante la promoción de este segundo disco, el bajista fue de nuevo reemplazado por el anterior.

Por si esto fuese poco, a finales de los noventa las relaciones con la discográfica se fueron deteriorando hasta que en 1998 cambiaron de sello nuevamente, aunque más adelante las hermanas Llanos crearían su propia discográfica, Loli Jackson Records, con la que grabaron dos discos más alcanzando sendos discos de platino. Hasta el 2005 las hermanas se hicieron cargo de la relación con *managers* y productores. Dos mujeres gestionando su futuro en el mundo del *rock*. En una entrevista años más tarde Cristina hablaba así de su experiencia:

> Nos encontrábamos con que, hacia Cris y hacía mí, había una mezcla de interés por lo que hacíamos, pero con una distancia, como si fuésemos algo amenazante para ellos. Parecía que no éramos del todo mujeres, porque ese no es el tipo de chicas que tenían en la cabeza o que ellos esperaban.

El sello creado por las hermanas tuvo que cerrar debido a la crisis de la música del 2000 provocada por las plataformas de descargas. A finales de 2004, las relaciones entre el grupo y el bajista empeoraron de nuevo y un año después decidieron expulsarlo.

En una nueva vuelta de tuerca la banda cambió su estilo hacia sonidos más pop y electrónicos, una decisión difícil que supuso la ruptura con casi 15 años de trayectoria en el *rock*. La apuesta fue decidida y nacía de un impulso interno de los integrantes por hacer algo distinto. No resultó fácil convencer a la mayoría de los fans ni a la crítica musical de este cambio, porque no había marcha atrás. Con esta fórmula y el (enésimo) cambio de sello discográfico, Dover duró otros cinco años más.

## Nina Simone: valentía en tiempos revueltos

Si Nina Simone estuviese entre nosotros (falleció en 2003), hubiera participado con su música y versos en las movilizaciones que surgieron en torno al movimiento #BlackLivesMatter o #MeToo. La artista fue, además de una solista brillante, una firme defensora de los derechos civiles en los años sesenta. Unió su voz a la de Rosa Parks, Angela Davis o Martin Luther King en una batalla contra el racismo que aún se libra en muchas plazas. Quiso impactar y transformar la realidad en la que vivía toda la comunidad negra de Estados Unidos. En cierta forma, su paso por la industria musical fue un instrumento para dignificar el acervo de los descendientes afroamericanos. Fue sobre todo una precursora de la canción protesta, que conjugaba con arte y ritmo los significados de las palabras para sortear la censura. Su legado ha inspirado a centenares, miles, de músicos y ha servido de referente para aquellas mujeres que querían ponerse frente al micrófono. Artistas como Beyoncé, Rihanna o Lauryn Hill han reconocido en varias ocasiones la importancia de su legado.

Eunice K. Waymon (Nina Simone) es considerada como uno de los genios musicales del siglo XX. Brilló con un talento desbordante para el piano desde muy joven, y lo acompañaba con una voz cálida y seductora que manejaba como nadie los saltos entre palabras. Con 4 años despuntó con un talento innato para el piano, aunque finalmente no fue seleccionada para continuar sus estudios, pausando el sueño de convertirse en la primera pianista negra de música clásica de Estados Unidos. Lejos de rendirse optó por el plan B, trabajó su carrera desde abajo, ofreciendo conciertos en bares de Atlantic City para poder subsistir.

Su primer álbum, *Little Girl Blue* (1959), le otorgó gran repercusión. A pesar de su juventud, apenas rondaba los veinte años, empezó a ser cada vez más reconocida. Sin embargo, Nina siempre miró a la industria con cierto desdén, el mundo de la música comercial solo era un lugar donde hacer dinero para seguir estudiando piano clásico, su verdadera vocación.

Su trayectoria continuó creciendo, atreviéndose con todos los estilos que tuviesen raíces soul como el *funk*, el góspel, el *jazz*, el folk…, pero también introduciendo en su repertorio piezas clásicas de Bach, Chopin o Liszt…, muchas veces de forma improvisada. Esta valentía y desparpajo, junto a su perfecto manejo de la voz y los silencios, le valieron el apodo de La sacerdotisa del *soul*. Con el tiempo se convirtió en el reclamo musical más rentable en las salas de conciertos de Nueva York.

Como en muchas historias de liderazgo, hay un punto de inflexión. En 1963, tras el asesinato de cuatro niñas en una iglesia baptista, compuso el controvertido tema *Mississippi Goddam*, que fue boicoteado en varios estados del sur y le supuso una campaña en contra de los poderes mediáticos, por su incitación a la rebelión de la comunidad afroamericana.

Tras el asesinato de Martin Luther King, decidió dejar Estados Unidos y establecerse en Barbados con su marido, Andrew Stroud, con quien mantenía una relación muy violenta. Tras permanecer en diferentes partes de Europa, en 1993 se radica en Francia, donde residió hasta el final de sus días.

## Rosalía: la llegada del poderío

Puede que sea por su juventud (en el momento de escribir estas líneas cumple los 27 años) o por su arte. En cualquier caso, Rosalía se ha convertido en un ciclón que convierte en oro todo lo que toca. A ambos lados del charco se cuentan por miles tanto los defensores como los detractores, y sus canciones acumulan millones de escuchas en las plataformas. ¿Qué tiene de especial esta chica catalana para haberse convertido en el nuevo referente de la música global? La respuesta es una mezcla de muchos elementos, pero podríamos definirlos todos en un concepto muy patrio: el PODERÍO.

Rosalía no se muerde la lengua, dice lo que piensa, utiliza todos los géneros a su alcance, viste como le da la gana y responde solo ante ella misma y sus fans. Su trayectoria no ha sido un camino de rosas, fue eliminada del *talent show Tú sí que vales* y recorrió medio mundo acompañando a otros artistas.

Su primer proyecto como solista, *El mal querer*, se presentó como un álbum experimental en el que se aborda como tema principal una relación amorosa violenta. Surgió como trabajo final para el título superior de flamenco que cursa en la Escuela Superior de Música de Cataluña. El sencillo principal de este álbum, *Malamente*, corrió como la pólvora por plataformas digitales, poniéndola en el punto de mira de la industria, hasta conseguir estar nominada en cinco categorías de los Grammy Latinos. Rosalía saltó a la estratosfera. El disco se llevó siete premios (cinco por el trabajo completo y dos más por su *hit Malamente*), convirtiéndose así en la artista española con más Grammy Latinos de la historia.

Como ya hemos hablado en este libro, el liderazgo pasa por inspirar a los demás, y Rosalía consigue esto de una forma completamente natural. Posee un fuerte arraigo a su ciudad, Barcelona, y a su cultura, con el flamenco o la rumba como máximos exponentes. Pero, además, ha conseguido superar todos los clichés, componiendo temas que incorporan el *hip-hop*, el trap, la música electrónica o el pop, haciendo imposible encasillarla. Sus canciones hablan de temas como la violencia doméstica o el empoderamiento de la mujer, se inspiran en novelas clásicas o en cuadros de Goya, profundizan en temas que habían sido tabú y generan, inevitablemente, un nuevo enfoque cultural abierto y comprometido en sus millones de seguidores en redes sociales.

# 4

## Herramientas para afinar el equipo

Hemos llegado al ecuador de este libro y nos toca profundizar en la perspectiva más práctica. Hasta el momento hemos hecho una revisión conceptual de los ritmos y melodías que más se repiten en las organizaciones, hemos visto cómo una melodía demasiado plana puede indicar falta de motivación y cómo a veces hace falta componer desde cero, incluso incorporando nuevos músicos. También hemos conocido algunos de los mejores directores de orquesta que, sin duda, habrán servido de inspiración. Es el momento de remangarse y ponerse en la posición del líder activo, la persona llamada a afinar un equipo.

Voy a contarte las herramientas que me han servido para, en primer lugar, saber a qué suena un equipo, y posteriormente afinarlo hasta conseguir una melodía convincente. Todos los instrumentos que aquí te cuento los he probado en más de una ocasión y puedo garantizar que funcionan. Ahora bien, es probable que tu organización los necesite todos, solamente algunos o quizás otros que no salen en esta lista. Como ya sabes lo importante que es conseguir la armonía entre los miembros, seguro que sabrás dar con la tecla adecuada.

Como música (porque todo director de orquesta lo es), hay algunos instrumentos por los que siento especial devoción y que casi siempre suenan en mi repertorio. He utilizado con frecuencia LEGO SERIOUS PLAY y sus infinitas posibilidades para activar el pensamiento creativo, es fundamental aprender a pensar fuera de la caja cuando no solo se trata de armonizar, sino de resintonizar. Esta técnica no es de naturaleza musical, pero la he querido incluir porque me ha resultado infalible para afinar equipos y porque el tiempo entre modelo y modelo se mide con canciones.

En mis conciertos también me gusta introducir el *coaching* en su versión de grupo, ya que salir de la esfera individual para llevar la armonía al colectivo ayuda y mucho. Por último, os hablaré de un instrumento que he creado yo misma, el método esfera, muy flexible y que me permite conectar con las necesidades y la realidad social y política de cualquier organización. Especialmente útil para aquellos líderes que se enfrentan a grupos multiculturales con ritmos y sentimientos diferentes y en entornos a menudo dispersos.

A estas alturas seguramente ya habrás empezado a sentir cuál es el ritmo de tu banda, tendrás identificada la melodía que se repite con más frecuencia o los intérpretes que destacan por encima del resto. Si es así, ¡enhorabuena! Significa que estamos sintonizando, que esta lectura te está resultando útil. Si todavía no has sentido la llamada del ritmo, quiero recordarte que la música es un vehículo perfecto para transmitir emociones, y que los equipos, al estar compuestos de personas, son un núcleo de emociones con necesidad de expresarse. La música ayuda a vibrar, a sentir, funciona como un anclaje metafórico, proyecta y simboliza cualquier proceso de desarrollo. Mezclando metodologías como la musicoterapia y el *coaching* se logra fomentar la cohesión. Ayudamos a las personas a conectar desde otra mirada, la del ritmo; a nivel de escucha, mediante una lista de canciones que fomenten la relajación, las relaciones o el sentimiento de equipo, o apostando por crear canciones interpretadas por el conjunto, y poner a todos a bailar.

## 4.1. LEGO SERIOUS PLAY

Me encanta el LEGO, quienes me han visto trabajar conocen mis cajas con miles de ladrillos para construir conceptos o ideas abstractas. Confío que la mayoría tenga un buen recuerdo de las jornadas de LEGO Serious Play (LSP), espero que hayan servido para conectar con el niño que llevamos dentro.

LSP es una metodología avalada no solo por la experiencia de miles de consultores, sino por estudios[46] y artículos de investigación.[47] Al realizar actividades con las manos, se aumenta el número de conexiones neuronales, lo que permite que nuestras manos realicen más actividades, con más destreza. Es lo que les sucede a músicos de avanzada edad que padecen alzhéimer, quizás no recuerden a sus familiares, pero son capaces de interpretar melodías al piano. Durante el confinamiento se hizo viral la historia de Herman, un anciano que padecía esta enfermedad y salía al balcón a tocar la armónica cada tarde a las ocho convencido de que los aplausos eran para él.

Como ya hemos visto en otros capítulos, en ocasiones para crear una melodía convincente es necesario desmontar todo lo que se ha construido hasta el momento, dejando que cada integrante vuelva a empezar sin los esquemas y conflictos que le han acompañado hasta ahí. Cuando utilizamos LSP se produce este fenómeno, comienza con los ladrillos amontonados frente a la persona: ¿qué hacer con todas estas piezas y colores? ¿Qué emociones despierta ese pequeño caos?… mientras al mismo tiempo nos invade una sensación posibilista… ¡Todo está por hacer!

---

[46] Gauntlett, D. (2007). *Creative explorations: New approaches to identities and audiences.* Routledge.

[47] Hjorth, D. y Lund, A. M. (2015). Serious play as a practice for developing collaborative innovation in organizations. *Journal of Creative Behavior, 49*(1), 5-22. https://doi.org/10.1002/jocb.48

## ¿Cómo surge LEGO Serious Play?

La firma danesa de juegos lleva creando escenarios desde 1932, pero hubo que esperar hasta 1958 para que aparecieran por primera vez los archiconocidos ladrillos. La compañía empezó desde ese momento a ganar reconocimiento internacional y a desarrollar diferentes enfoques de su producto. Finalmente, en 1999 apareció la certificación en LEGO como «juego serio».

La empresa desarrolló esta dinámica a partir de su disminución en ventas con la llegada de los videojuegos. Tras colaborar con diferentes equipos de investigadores se dieron cuenta de que el tremendo potencial de sus piezas para fomentar la creatividad en los más pequeños se podía replicar en las mentes adultas, principalmente en el mundo de los equipos y las organizaciones. Nació como una metodología cerrada, de forma que solo determinadas consultoras tenían el derecho, tras previo pago, de utilizarla. A partir de 2010 se amplió su uso, de forma que cualquier persona podía certificarse como facilitador y aplicarla en las organizaciones.

## Principales ventajas de LSP

### Permite la participación 100 - 100

Cuando estoy implementando dinámicas en equipos, me doy cuenta de que ciertas personas, por vergüenza o por cualquier otra razón, evitan significarse demasiado, llamar la atención o intervenir más de lo debido. Cuando esto sucede, no puedo evitar pensar que la melodía suena demasiado a quienes ya tenían protagonismo hasta la fecha. Con LSP esto no pasa, todos los participantes deben construir algo propio, todos están obligados a intervenir para compartir su creación. Así se diluye la tónica habitual en las sesiones de *team building*, donde el 20% participa y el 80% asiente. Todas las voces son escuchadas y todas las ideas valen.

## Facilita la búsqueda de soluciones creativas e inspiradoras

Estudios científicos refrendan que aproximadamente el 80% de nuestro conocimiento no aflora en el día a día, por tanto, no somos plenamente conscientes de él. El pensamiento divergente, aquel que ocurre de forma espontánea, fluida y a través de conexiones neuronales inesperadas, es nuestro verdadero potencial. Se estimula haciendo trabajar varios sentidos a la vez y es el paso previo al pensamiento convergente, lo que se conoce popularmente como «bajar a tierra» una idea.

Al utilizar LSP potenciamos este proceso, tenemos que interactuar con objetos físicos en 3D, colores, crear historias y dotarlas de contenido... haciendo irremediable la construcción de una narrativa visual/conceptual que permite crear conceptos abstractos y reflexionar sobre ellos, poniendo en marcha áreas de nuestro cerebro que «salen de la caja». Gracias a los ladrillos entendemos mejor cualquier idea y somos capaces de ampliarla, así es como nacen las soluciones creativas.

## Permite una comunicación más fluida del equipo

Decirle a una persona que no está afinada es una situación complicada, algo para lo que un líder debe estar preparado porque sin actitud exigente no hay crecimiento posible. Con frecuencia sirve para levantar muros y rencores desviando la comunicación a las tareas más concretas, evitando el conflicto.

Una vez más, LSP nos ayuda a agilizar este paso. A expresar a través de las construcciones los problemas, las necesidades, los deseos o las expectativas que el músico tiene. Trabajar sobre lo construido, qué quitar, qué poner, qué mantener o qué omitir ayuda a los músicos a identificar y resolver problemas, a comunicarse de forma más sana, más fluida y clara, hasta llegar a resolver la situación o tomar la decisión correcta.

## Tiene una aplicación directa en los objetivos de cualquier organización

Importantísimo. Antes de comenzar una sesión de LSP lo importante es definir el objetivo. ¿Para qué queremos usarlo? ¿Qué pretendemos lograr o descubrir? La meta debe estar fijada con anterioridad porque a partir de ese momento sabemos hacia dónde dirigir nuestras creaciones. Al final de la jornada las construcciones nos llevarán hacia una solución distinta para el mismo problema. Al tratarse de una metodología con pasos, resulta fácil visualizar el camino, observando de forma clara los puntos donde hace falta reforzar la estructura o construir más. El debate en torno a las construcciones ayuda a manifestar mediante un lenguaje que impide la personalización, evita las suposiciones y clarifica las ideas.

## Fomenta la creación de modelos compartidos y de visión unificada

Aplicar esta metodología en grupo permite desarrollar una visión de grupo, por ejemplo, cómo queremos que suene nuestro equipo, con cuántos instrumentos, en qué tonos y con qué intensidad. Las sesiones de juego serio buscan que la visión se integre en el espíritu global a lo largo de la jornada, agilizando la puesta en marcha de cambios en el futuro. Los participantes son conscientes de que son ellos (y no sus jefes) quienes han decidido lo que hay que hacer y cómo lo tienen que hacer.

## Experiencia propia con la metodología LEGO Serious Play

En mi trabajo afinando equipos no suelo utilizar una única herramienta, pero sí utilizo en numerosas ocasiones LEGO Serious Play. Me resulta útil en cualquier parte de un proceso de transición. Ya sea al principio, para conceptualizar algo nuevo o superar barreras adquiridas, o en medio, para una comunicación más efectiva entre las diferentes partes implicadas. La última experiencia la viví hace tan solo un mes con los responsables del departamento de recursos humanos de cierta empresa nacional. Los asistentes estaban buscando una solución al relevo generacional y la posibilidad de adquirir conocimientos de manera más transversal. Me presenté con mis cajas y con una serie de dinámicas que nos llevaron a construir en menos de un día un modelo de universidad corporativa desde el que empezar a trabajar. Aquella fue la conclusión de un proceso de debate abierto sobre las construcciones individuales, en el que cada asistente aplicó su visión. Salimos con una hoja de ruta, cada parte había interiorizado un rol para la consecución de aquel objetivo colectivo. Deseo que consigan desarrollar con éxito su propia universidad corporativa, y que les sirva para integrar el talento en su melodía. De veras que sí.

¿Quieres saber qué música utilizo para las sesiones de LEGO? Accede a la *playlist* en el QR.

---

Puedes acceder a la *playlist* en Spotify a través de este enlace o escaneando el QR:
https://open.spotify.com/playlist/5UlQEGuswtgTnNmh3Iz42I

---

## 4.2. *TEAM BUILDING* MUSICAL

### La música como herramienta para hacer equipo

Por lo general, la música está asociada al ocio y en consecuencia muchos líderes miran con recelo incluir este elemento entre sus estrategias para fomentar la motivación. A estas alturas sabemos que no es así, los sonidos activan la secreción de dopamina en el área de recompensa del cerebro y como resultado obtenemos empleados con mayor motivación, autoestima y predisposición. Según el estudio *The effect of music listening on work performance*[48] de la investigadora Teresa Lesiuk, escuchar música en el lugar de trabajo tiene un impacto positivo sobre el rendimiento de los trabajadores. Otro

---

[48] Lesiuk, T. (2005). The effect of music listening on work performance. *Journal of Music Therapy, 42*(4), 242-265. https://doi.org/10.1093/jmt/42.4.242

estudio llevado a cabo en una entidad financiera británica determinó que el rendimiento era un 12,5% superior cuando escuchaban música animada que cuando no lo hacían.

En este sentido, se han popularizado metodologías para incrementar la productividad a través de la música, basándose en la idea de que todos los equipos son grupos de personas, pero no todos los grupos de personas muestran la cohesión de un equipo. La mejor manera de conseguir ese carácter pasa por darles a cada uno un instrumento musical y mostrarles cómo cuando cada pieza encaja, se construye una melodía. Los grupos de personas, cualquier equipo en general, necesitan de todos los miembros para llevar a cabo su proyecto. En YouTube existe una entrevista a la banda de *rock* Pearl Jam en la que el surfista Mark Richards les pregunta, precisamente, por los conflictos que surgen a la hora de crear las canciones. La respuesta de Eddie Vedder, líder y vocalista del grupo, es bastante certera: «Ellos son un equipo y como tal no hay canciones de uno o de otro, independientemente de quién la escriba todos participan y deben estar abiertos a negociar sobre cómo interpretarla». Podéis ver la entrevista completa en YouTube.

Puedes acceder a la entrevista en YouTube a través de este enlace o escaneando el QR:
https://youtu.be/QxhCQuq_yTo

Quiero hacer una pequeña lista de algunas metodologías musicales que ya han sido puestas en práctica por decenas de empresas en todo el mundo. Veamos cada una en detalle:

• LipDub: fácil de entender, con la música como vehículo principal y tremendamente integradora. Esta técnica es perfecta para despertar la motivación y el sentimiento de equipo. Los LipDub se popularizaron a mediados del 2007 y dejaron un reguero de ejemplos por Internet llenos de creatividad. El objetivo es crear un vídeo corporativo con todos los empleados y directivos cantando en *playback* una canción previamente elegida, lo que fuerza la participación desde el primer momento ¿Qué tema escoger? ¿Cuál define mejor el carácter/filosofía colectiva? Una vez seleccionado el tema, hay que pensar en la ejecución, una de las características del Lip-Dub es que se rueda en plano secuencia (no hay cortes entre los planos) y por tanto la coordinación entre las personas que aparecen tiene que ser perfecta y estar muy ensayada. En este tipo de vídeos es frecuente que alguna persona haga de voz principal, al menos durante un rato, guiando a la cámara hasta el siguiente estribillo, con lo que se consigue reforzar la idea de liderazgo individual. Os dejo algunos ejemplos de LipDub corporativos, algunos archiconocidos, donde se observa a grupos comportarse como un auténtico equipo.

– LipDub IKEA

Puedes acceder al LipDub de IKEA a través de este enlace o escaneando el QR:
https://youtu.be/nG6rEZ09p6g

– LipDub Olympus

Puedes acceder al LipDub de Olympus a través de este enlace o escaneando el QR:
https://www.youtube.com/watch?v=qJdlwi76MZg

## Talleres de percusión grupales

Los talleres musicales son muy positivos para fomentar valores como el trabajo en equipo. Entre los más habituales están los de percusión, donde se construye una melodía a través de bombos, cajas, tambores y otros instrumentos de esta familia. La percusión es la manifestación musical más antigua del ser humano; aunque no tengamos formación musical todos llevamos dentro el instinto de la percusión y nos adaptamos fácilmente a este tipo de talleres por lo «gutural» de la experiencia. Dentro de la percusión existen distintas variantes, se puede orientar el taller hacia sonidos más crudos, donde lo principal es desahogarse, eliminar tensiones y romper con la monotonía…, pero también se puede enfocar hacia algo más melódico, incluyendo ritmos latinos, como la batucada o las melodías festivas y de fanfarria. Lo principal es conseguir coordinarse entre los participantes, fomentar valores a través de la música y demostrar que la energía de todas las personas juntas es tremendamente poderosa. Como la percusión posee ese carácter primitivo, favorece que los integrantes se encuentren cómodos y actúen de forma natural, algo difícil de lograr a veces en las dinámicas de *team building* más tradicionales.

Puedes acceder al Team Building para Aomm.tv a través de este enlace o escaneando el QR:
https://www.youtube.com/watch?v=-2F-MOWpTbU

## Componer una canción

Los grupos de personas se sienten identificados con determinadas melodías que interiorizan como propias. Es algo que se puede palpar en el mundo del deporte, particularmente en el fútbol a través de los himnos, pero funciona igual en el mundo de la empresa. Todas las personas en algún momento de su vida han querido componer una canción, ya sea por amor, protesta o simplemente como diversión. Así que de nuevo todos llevamos dentro esa capacidad. Hacerlo en grupo, en este caso con los compañeros de trabajo, obliga a perder complejos, con lo que esta herramienta funciona a la perfección como terapia colectiva. Este tipo de metodologías musicales son sencillas de aplicar, pero es necesaria la presencia de un facilitador, preferiblemente con formación musical, alguien que acompañe al equipo en la composición.

## 4.3. *COACHING* DE EQUIPO

El *coaching* de equipo es una herramienta muy poderosa para motivar y mejorar el rendimiento de los grupos de trabajo. Se enfoca en el desarrollo de habilidades, la mejora del rendimiento, el establecimiento de objetivos y la toma de decisiones. En un entorno empresarial y de mercado cada vez más conectado, se hace indispensable reforzar la colaboración y el trabajo en equipo.

Hay muchos artistas y bandas que han utilizado técnicas de *coaching* de equipos para mejorar su rendimiento. Por ejemplo, el famoso productor musical Rick Rubin[49] ha trabajado con bandas como Metallica y System of a Down para ayudarlos a mejorar su creatividad. Además de Rubin, Quincy Jones ha trabajado con artistas como Michael Jackson y Ray Charles, mientras que Bob Ezrin lo hizo con Pink Floyd, Alice Cooper y Kiss. Estos *coaches* han participado en la creación de algunas de las mejores canciones de la historia, ayudándolos a mejorar su sonido, su creatividad y su rendimiento en el escenario.

Un estudio del *International Journal*[50] *of Evidence Based Coaching and Mentoring* encontró que después de un taller de dos días de *coaching* de equipos, estos mejoraron significativamente en áreas como la toma de decisiones, la resolución de conflictos y la claridad de objetivos. Los participantes informaron de un aumento en la satisfacción laboral y una reducción en el estrés. En concreto, los autores del estudio informaron de que hubo una mejora del 14,6% en la claridad de los objetivos, una mejora del 11,7% en la toma de decisiones y una reducción del 9,9% en el estrés laboral. Otro estudio de similares características, publicado en la *Revista de Psicología Social*

---

[49] The Guardian. (2023, January 10). The creative act: A way of being by Rick Rubin review – thoughts of the bearded beat master. https://www.theguardian.com/books/2023/jan/10/the-creative-act-a- way-of-being-by-rick-rubin-review-thoughts-of-the-bearded-beat-master
[50] Morton, L., Palmer, S. y Sanders, K. (2011). The effectiveness of team coaching: A controlled study of a two-day team development workshop. *International Journal of Evidence Based Coaching and Mentoring, 9*(1), 58-73.

*Aplicada,*[51] cuantificó esa mejora en un 13,5% en la comunicación efectiva, 10,4% en la resolución de problemas y 11,5% en la coordinación del equipo. El objetivo de esta metodología es mejorar el rendimiento, de forma que el resultado del conjunto supere al de la suma de las partes. Al igual que otros tipos de *coaching,* es un proceso de acompañamiento, se lleva a cabo de forma colectiva porque en el entorno empresarial y de mercado en el que nos movemos cada vez hace falta más colaboración y trabajo en equipo.

### ¿Qué hace el *coach* o facilitador?

Su misión es la de acompañar al equipo a conseguir resultados extraordinarios a través de la toma de conciencia, el fomento del compromiso y la confianza. Resumiendo mucho, podríamos decir que es el guía que acompaña al grupo mientras supera las cinco disfunciones de las que nos habla Lencioni, hasta que se convierte en un equipo de alto rendimiento. A la larga, consigue una mayor alineación de las personas con los objetivos de la organización, pero también entre sí, repercute en una mejora del ambiente de trabajo que a su vez propicia la aparición de sinergias y la creatividad. Al final el *coach* consigue visibilizar y responsabilizar a cada miembro de su cometido al tiempo que refuerza su motivación.

### ¿Cómo funciona?

Aunque las formas de abordarlo pueden variar entre facilitadores, un proceso típico de *coaching* de equipo se inicia con una serie de pruebas y entrevistas a los componentes para conocer su funcionamiento, puntos de vista, niveles de confianza y cohesión entre ellos. Lo habitual es que tras esta primera fase los facilitadores sean capaces de sacar conclusiones y proponer objetivos o áreas de mejora. Los resultados de ese análisis se presentan al equipo para iniciar un proceso de reflexión colectiva acerca de la situación actual, los

---

[51] Tobío, C. y García-Izquierdo, A. L. (2015). El coaching de equipos y su efecto en el rendimiento de los equipos de trabajo: Un estudio cuasiexperimental. *Revista de Psicología Social Aplicada, 25*(2), 71-87. https://doi.org/10.1080/11320527.2014.979255

retos, las necesidades, los objetivos y las reglas de funcionamiento que se quieren dar como equipo y que todos deben aceptar.

En esta segunda fase ya se empiezan a percibir cambios en la manera de interactuar, en la forma de hablarse, escucharse e incluso de mirarse entre sí. Se integra de forma natural una dinámica de proposición-escucha que fomenta el intercambio de ideas, es la primera señal de que el termómetro emocional ha empezado a moverse.

Una vez que la confianza y la visión compartida se han hecho un hueco, se puede entrar de lleno a trabajar en los conflictos internos del equipo. Se hace mediante sesiones de seguimiento cada una o dos semanas, para dejar tiempo a que las relaciones se vayan adaptando a la nueva realidad. El *coach* debe estar atento a las señales que le llegan y permitir que se pongan sobre la mesa todo tipo de sensaciones, pensamientos o actitudes que hayan permanecido contenidas. Su función es la de favorecer el diálogo respetuoso y el descubrimiento de soluciones, de maneras efectivas y creativas de abordar temas delicados, establecer nuevos compromisos, etc. A medida que transcurran las sesiones, se irá viendo cómo las personas dejan de mirar desde su atalaya y se integra una visión colectiva, empiezan a comportarse como un verdadero equipo.

La última fase del *coaching* de equipos se utiliza para trabajar los estilos de relación de los componentes, buscando fomentar los cuatro dominios de los que nos hablaba Goleman (autoconciencia, conciencia social, autogestión y gestión de las relaciones), consiguiendo así que los miembros del equipo aprendan más de sí mismos, pero también de la forma de ser de sus compañeros y compañeras. Si se siguen estos pasos, la consecuencia será un equipo que aprecie la diversidad, la riqueza en los matices y más consciente de que su poder como colectivo es mayor que la suma de lo individual.

En resumen, el *coaching* de equipos es una técnica valiosa para mejorar el rendimiento de los equipos de trabajo en cualquier industria, incluyendo la música. Al desarrollar habilidades como la colaboración, la comunicación y la resolución de conflictos, los equipos pueden crear obras de arte colectivas que son mayores que la suma de sus partes individuales.

## 4.4. MÉTODO ESFERA

Esta metodología es una creación propia, que inicié hace unos años para dar respuesta a uno de mis clientes. La creé para el desarrollo de líderes extraordinarios, especialmente en los procesos de transición a nuevas posiciones en la organización.

Parte de la base de que cada líder se asemeja a una ESFERA y en su proceso de transición posee un grado de dificultad diferente (ser promocionado a un nivel superior no es igual que un traslado geográfico, cambiar a una nueva función, cambiar de departamento o incluso cambiar de compañía).

En este método no hay recodos, ni esquinas, ni dobleces, es transparente, la luz puede pasar, irradia energía. Cada líder tiene su esfera, y una organización está compuesta por muchas esferas interconectadas.

De manera metafórica, dicha esfera se divide en cuatro partes, que trabajan de forma interconectada y mediante un plan concreto y accionable, con unas directrices claras y efectivas. En la Figura 4.1 puedes observar las diferentes etapas del método.

A continuación, cuento de forma sintética la descripción del modelo.

### EL AHORA

- *Acelera tu aprendizaje.* Es el momento de preparación de la transformación del líder. Debe aprender qué significa su transición, cuáles son los elementos que la componen, y cómo son la cultura organizativa, la política corporativa y la operativa de la empresa. Deberá hacer una inmersión para comprender el mundo donde va a actuar. No hacerlo significarán retrasos, pérdida de información y lecturas equívocas de lo que sucede.

- *Diseña y adapta tu estrategia a la situación.* Es la creación de la esfera de transformación del líder. Es el punto donde se establece una visión y misión claras del puesto que va a ocupar adaptándolas a la situación. Si este paso no se atiende, el líder no sigue un rumbo claro y por tanto tiene un menor impacto en la consecución de objetivos y en la gestión de las personas.

- *Sintoniza con tus* stakeholders. Conocer y conectar con los diferentes grupos sociales de su empresa (jefe, pares, proveedores, clientes, equipo…) y establecer alianzas fuertes es el siguiente paso. Aprende a gestionar la relación con tu superior, a comunicarte eficazmente y negociar el éxito con él. Apóyate en tus pares, mantén una conexión directa con ellos, para obtener el éxito en la transición. El desarrollo de estas relaciones te permitirá avanzar y comprometer a todos los implicados en el camino. Atenderlo es imprescindible para conseguir que las cosas sucedan.

Figura 4.1. Método esfera

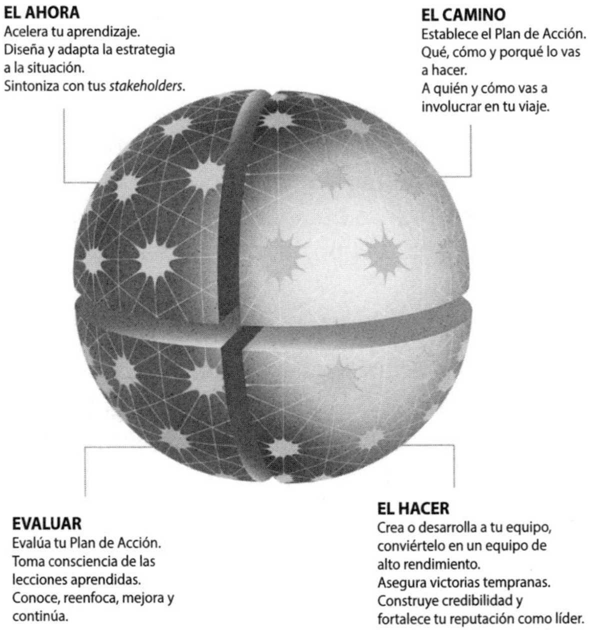

**EL AHORA**
Acelera tu aprendizaje.
Diseña y adapta la estrategia
a la situación.
Sintoniza con tus *stakeholders*.

**EL CAMINO**
Establece el Plan de Acción.
Qué, cómo y porqué lo vas
a hacer.
A quién y cómo vas a
involucrar en tu viaje.

**EVALUAR**
Evalúa tu Plan de Acción.
Toma consciencia de las
lecciones aprendidas.
Conoce, reenfoca, mejora y
continúa.

**EL HACER**
Crea o desarrolla a tu equipo,
conviértelo en un equipo de
alto rendimiento.
Asegura victorias tempranas.
Construye credibilidad y
fortalece tu reputación como líder.

*Fuente:* Elaboración propia.

## EL CAMINO

Estos tres primeros pasos ayudarán al líder a tener un diagnóstico de situación que le permitirá establecer la dirección hacia el qué va a hacer, cómo lo va a hacer y por qué lo va a hacer, en definitiva, el plan de acción. Si no hay camino, el líder se puede convertir en un apagafuegos.

## EL HACER

- *Desarrolla a tu equipo y conviértelo en un EAR, equipo de alto rendimiento.* Diagnosticar la situación del equipo y su nivel de madurez, así como qué necesita cada persona para llegar a su máximo nivel de competencia. Es muy importante para poder organizarlo, orientarlo y desarrollarlo hacia la consecución de tus objetivos.

- *Asegura victorias tempranas.* Tener pequeños éxitos es fundamental para que la percepción sobre lo que está haciendo el líder sea positiva en la organización, y esto inyecta un nivel de energía positivo para continuar. Si no hay avances, la percepción será que no hay progresos, cambios o no se suceden cosas buenas.

- *Construye tu credibilidad y fortalece tu reputación como líder.* Conocerse a sí mismo, desarrollar la autoconfianza y potenciar la inteligencia emocional. Conseguir credibilidad a través de victorias tempranas que permitirán generar círculos virtuosos y proyectar energía positiva y que suceden cosas positivas.

## EL EVALUAR

- *Haz un stop and think.* Conocer cómo va y qué resultados está obteniendo, a través de indicadores de seguimiento, pertinencia, eficiencia y resultados, le permitirá al líder mejorar, reenfocar, cambiar estrategias o dejar de hacer algunas cosas si no funcionan. Si no hay evaluación, no se puede mejorar.

De igual manera que para los líderes, es necesario trabajar con las personas que conforman su equipo, así que, por extensión, creé el modelo esfera vinculado al desarrollo de los equipos. Y en la Figura 4.2 su representación gráfica.

Figura 4.2. Método esfera para líder y equipo

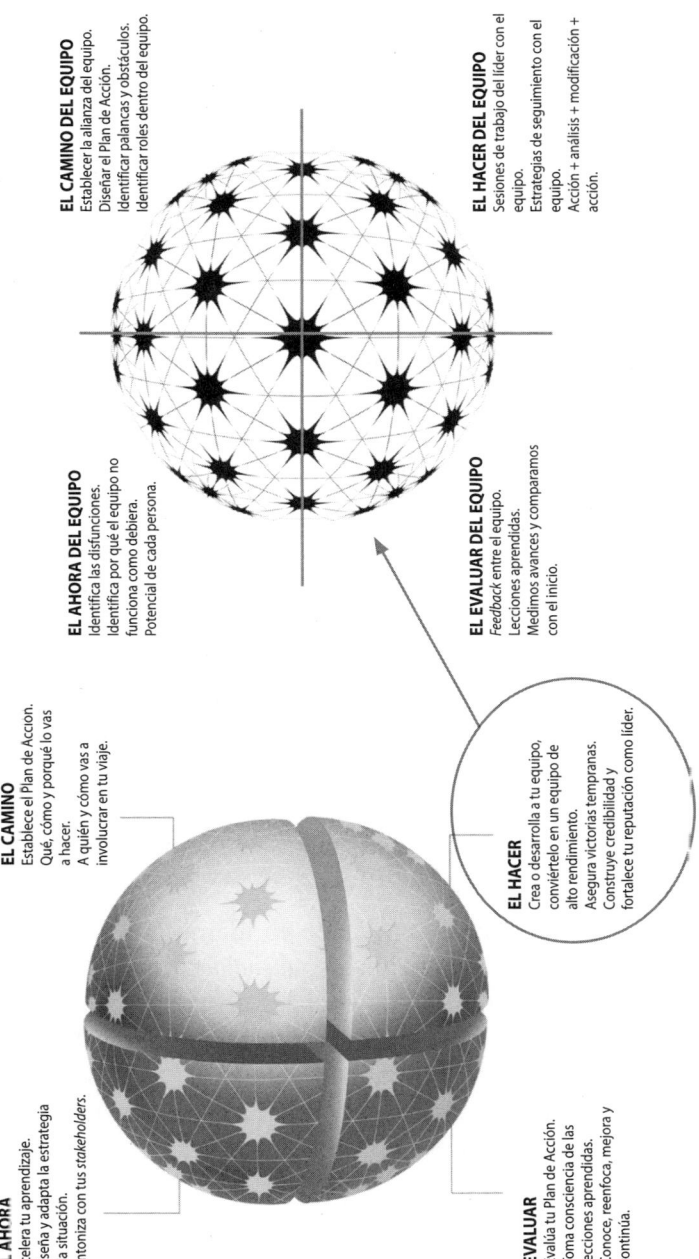

**MÉTODO ESFERA PARA CADA LÍDER**

**EL AHORA**
Acelera tu aprendizaje.
Diseña y adapta la estrategia a la situación.
Sintoniza con tus *stakeholders*.

**EL CAMINO**
Establece el Plan de Acción.
Qué, cómo y porqué lo vas a hacer.
A quién y cómo vas a involucrar en tu viaje.

**EL HACER**
Crea o desarrolla a tu equipo, conviértelo en un equipo de alto rendimiento.
Asegura victorias tempranas.
Construye credibilidad y fortalece tu reputación como líder.

**EVALUAR**
Evalúa tu Plan de Acción.
Toma consciencia de las lecciones aprendidas.
Conoce, reenfoca, mejora y continúa.

**MÉTODO ESFERA PARA CADA EQUIPO**

**EL CAMINO DEL EQUIPO**
Establecer la alianza del equipo.
Diseñar el Plan de Acción.
Identificar palancas y obstáculos.
Identificar roles dentro del equipo.

**EL HACER DEL EQUIPO**
Sesiones de trabajo del líder con el equipo.
Estrategias de seguimiento con el equipo.
Acción + análisis + modificación + acción.

**EL AHORA DEL EQUIPO**
Identifica las disfunciones.
Identifica por qué el equipo no funciona como debiera.
Potencial de cada persona.

**EL EVALUAR DEL EQUIPO**
*Feedback* entre el equipo.
Lecciones aprendidas.
Medimos avances y comparamos con el inicio.

*Fuente:* Elaboración propia.

## EL AHORA DEL EQUIPO

Trabajar desde el conocimiento profundo del equipo, sus disfunciones (si las hubiera), cómo se desarrolla y los roles que cada persona tiene es fundamental para conocerse mutuamente para comprender por qué hacemos lo que hacemos y qué necesitamos para conseguir los objetivos de la organización.

## EL CAMINO DEL EQUIPO

Ya sabemos dónde estamos y llega el momento de realizar una nueva alianza de equipo para saber cómo queremos trabajar a partir de ahora (qué necesitamos que ocurra en el seno del equipo para que funcione, se resuelvan los problemas de forma asertiva, cómo nos comunicaremos…).

A continuación, trabajaremos sobre aquellas áreas de mejora o áreas que potenciar y que tengan un impacto en las actividades de máxima rentabilidad de los miembros del equipo, y que impactan, no solo en la productividad de este, sino también en los resultados de la organización. El equipo diseña el plan de acción para poner en marcha e identifica los roles que cada uno va a desarrollar. Todos los miembros del equipo conocen cada rol, las fortalezas y las debilidades permitidas (tal como Belbin las describe), de forma que haya claridad en las expectativas (saben lo que pueden esperar unos de otros).

Muy importante en esta etapa es identificar aquellas otras personas, áreas de negocio u otros *stakeholders* que les puedan apoyar en su plan, así como los potenciales obstáculos para llevar a cabo el plan. Yo les suelo indicar que es importante que el plan sea a 30, 60, 90 días y después lo amplíen a un año. Esto les dará ocasión de tener victorias tempranas que ayudan a la motivación del equipo, la celebración de éxitos y el control de los riesgos.

### Figura 4.3. Método esfera

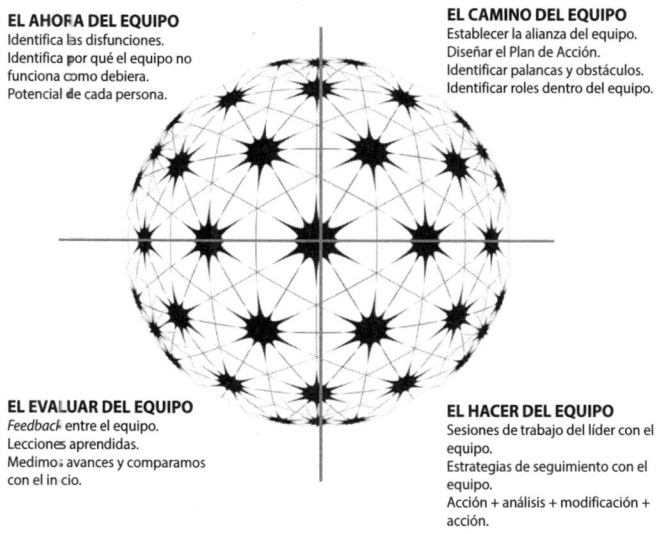

**EL AHORA DEL EQUIPO**
Identifica las disfunciones.
Identifica por qué el equipo no
funciona como debiera.
Potencial de cada persona.

**EL CAMINO DEL EQUIPO**
Establecer la alianza del equipo.
Diseñar el Plan de Acción.
Identificar palancas y obstáculos.
Identificar roles dentro del equipo.

**EL EVALUAR DEL EQUIPO**
*Feedback* entre el equipo.
Lecciones aprendidas.
Medimos avances y comparamos
con el inicio.

**EL HACER DEL EQUIPO**
Sesiones de trabajo del líder con el
equipo.
Estrategias de seguimiento con el
equipo.
Acción + análisis + modificación +
acción.

*Fuente:* Elaboración propia.

## EL HACER DEL EQUIPO

En esta etapa el líder tiene que comenzar a trabajar con el equipo. Comienza la implantación de las acciones, el seguimiento y los resultados que están obteniendo. Ahora toca estar, como digo en LEGO, *plan, do, plan, do*, es decir, actuamos, vemos si funciona, o cómo nos va, modificamos lo que toque y volvemos a actuar (esto que está tan de moda, la agilidad).

## EL EVALUAR DEL EQUIPO

Soy una apasionada de la evaluación, también. A mucha gente esta palabra le da urticaria y, en la mayoría de las ocasiones tiene que ver con el desconocimiento de su significado. En mis clases suelo decir que los ingenieros dicen que «lo que no se mide, no existe» y, los sociólogos decimos que «lo que no se mide, no se puede mejorar». Es verdad que evaluar significa emitir un juicio de valor, si bien el objetivo siempre es el de avance, mejora, desarrollo y nunca el de castigo, penalización o despido.

Al evaluar en el equipo, hablamos de cómo dar *feedback* y también de saber recibirlo. Otra herramienta muy poderosa, si se sabe hacer bien y si no va unida a un bonus económico, que distorsiona sensiblemente el objetivo de esta. En cualquier caso, cuando trabajo esta etapa con los equipos les digo que el *feedback* es un décimo de lotería de Navidad que siempre toca. El equipo debe hacer este ejercicio de forma muy periódica, para aprender a entenderse, a deshacer nudos, interpretaciones erróneas, preguntar lo que no se sabe, y, sobre todo, con un espíritu de mejora, de desarrollo y de avanzar como equipo y como persona que impactará directamente en los resultados de la empresa.

Esto es lo que hacemos en esta etapa, medir avances, no solo de las acciones, sino también del desarrollo de las personas, de sus competencias y sus comportamientos observables. Medimos el antes y el después (esto ya lo medimos en la primera etapa, el ahora). La experiencia me dice que siempre hay cambios, en gran parte maravillosos, y, en ocasiones, menos favorables.

Es una etapa muy potente para seguir creciendo y mejorando, si verdaderamente se cree en las personas.

# 5

# Experiencias afinando un equipo

## 5.1. PERDER MIEDO AL JEFE

Hace algunos años tuve la oportunidad de realizar un proceso de *coaching* ejecutivo para el director general de una fábrica del sector industrial. Me encontré con un desafío crucial: el director general tenía la sensación de que el equipo le tenía miedo. Reconociendo la necesidad de abordar esta problemática, decidió buscar ayuda externa, juntos trabajamos para superar el temor y fomentar un ambiente de trabajo saludable y productivo.

### Diagnóstico de disfunciones

El primer paso fue realizar un diagnóstico exhaustivo. El objetivo era identificar las disfunciones presentes y comprender la raíz del temor que existía hacia el líder. Durante este proceso, pudimos descubrir que las disfunciones no solo afectaban la relación entre el director general y su equipo, sino que también se manifestaban dentro del propio equipo.

## Trabajo individual con el director general

El objetivo era ayudarlo a desarrollar habilidades de escucha activa, empatía y a perder protagonismo en beneficio de un liderazgo más inclusivo y colaborativo. Mediante sesiones de *coaching* y retroalimentación constructiva, pudimos ayudarlo a comprender los efectos de su estilo de liderazgo anterior y a adoptar nuevas prácticas más efectivas.

## Trabajo con el equipo

Paralelamente, nos enfocamos en fortalecer la dinámica y la comunicación dentro del equipo. Dado que este era notoriamente silencioso, nos centramos en crear un entorno seguro y propicio para la expresión de ideas y opiniones. Implementamos actividades de *team building*, facilitamos espacios de diálogo y fomentamos la participación. A través de estas iniciativas, logramos generar confianza y empoderar al equipo para que se sintiera más seguro al expresar sus puntos de vista y contribuir al crecimiento colectivo.

## Trabajo conjunto

Finalmente, consolidamos el proceso de cambio al reunir al director general y a su equipo en sesiones conjuntas. Estas permitieron abordar los desafíos y las expectativas de manera abierta y constructiva. Facilitamos la comunicación franca, promoviendo la empatía y el respeto mutuo. Durante estas sesiones, se establecieron acuerdos y compromisos para construir un ambiente de trabajo basado en la confianza, la colaboración y el crecimiento conjunto.

## Conclusión

Gracias a la valentía del director de buscar ayuda externa, consiguió superar el temor existente dentro del equipo. A través de un enfoque integral que abarcó tanto el desarrollo del líder como el fortalecimiento del equipo, los ayudamos a transformar una dinámica de miedo en una cultura de confianza y colaboración. En esta experiencia destacó la importancia de un liderazgo auténtico y de una comunicación efectiva en la gestión de equipos. Al enfrentar los desafíos con determinación y compromiso, crearon un entorno de trabajo más positivo y productivo.

Esta experiencia enriquecedora me ha proporcionado valiosas lecciones sobre la gestión de equipos y el liderazgo efectivo. La primera, y tal vez la más importante, es la toma de conciencia del problema y la voluntad de resolverlo, eliminando de la ecuación el ego y apareciendo el liderar desde el amor, al equipo y la organización. Por supuesto, la existencia de una comunicación abierta, el desarrollo y fortalecimiento de la inteligencia emocional, primero intrapersonal y después interpersonal, y la creación de un entorno seguro son aspectos fundamentales en la construcción de equipos de alto rendimiento.

## 5.2. ADQUIRIR COMPROMISO PARA CONSEGUIR UN PREMIO DE CALIDAD. IDAC - REPÚBLICA DOMINICANA

En esta experiencia, tuve la oportunidad de diseñar y ejecutar un programa que combinó diferentes acciones para la empresa pública del sector de la aviación civil más importante en la República Dominicana. El director general en su plan estratégico diseñó la estrategia para llevar al IDAC al siguiente nivel como organización pública de calidad. Su propósito era obtener el sello nacional de calidad, para posteriormente presentarse al sello iberoamericano de calidad en la categoría del sector público.

Comenzamos por realizar un diagnóstico exhaustivo para conocer qué áreas debía mejorar la organización. A partir de ese momento, diseñamos un programa de formación, *coaching* y consultoría de proyectos en el que participaron el 90% de los miembros del comité de dirección más los líderes del siguiente nivel. Mi labor consistió en acompañar al equipo directivo para que toda la organización se involucrara en el proyecto y se comprometiera con su éxito. Logramos fomentar el compromiso necesario para alcanzar tanto el premio de calidad nacional como el premio internacional.

## Identificación de las no conformidades

Al comenzar el proceso, se realizó un análisis exhaustivo de la organización y se profundizó en las no conformidades existentes relacionadas con la gestión de personas, identificadas en las diferentes auditorias previas que la organización debe pasar sistemáticamente y cada cierto tiempo. Había muchos aspectos por desarrollar: conocer cómo liderar y gestionar a las personas, cómo construir equipo, la comunicación interna y externa, conseguir que el conocimiento permanezca en la organización y comprometer a los empleados eran los principales desafíos. El equipo directivo era altamente competente desde el punto de vista técnico, y era necesaria una mejora significativa en todos los aspectos relacionados con las habilidades y la gestión de las emociones.

## Creación del equipo del cambio

Para liderar este proceso de cambio, se formó un equipo del cambio comprometido con la obtención del premio. Utilizando los modelos de Tuckman y Lencioni, nos aseguramos de que el equipo estableciera una base sólida de confianza y cooperación. Fomentamos la comunicación abierta, establecimos roles y responsabilidades claras y promovimos un ambiente de trabajo colaborativo.

## Acompañamiento y desarrollo del equipo directivo

Nos embarcamos en un proceso de desarrollo personal y profesional, y comenzamos por el equipo directivo. Realizamos sesiones de *coaching* y capacitación en inteligencia emocional, liderazgo y gestión del cambio. El objetivo era fortalecer las habilidades de comunicación, empatía y resolución de conflictos del equipo directivo, a fin de que pudieran liderar con éxito el proceso de transformación hacia la obtención de la certificación de calidad.

## Fomento del compromiso en toda la organización

Para asegurarnos de que toda la organización se comprometiera con el éxito del proyecto, implementamos diversas estrategias. Establecimos una comunicación clara y transparente para compartir los objetivos y beneficios del proceso de certificación de calidad. Además, los equipos de trabajo que se formaron desarrollaron un plan de carrera para los empleados, un plan de comunicación interna, un plan de formación para todos los empleados que incorpora cuestiones tanto técnicas como habilidades blandas. El equipo fue incorporando hábitos, cultura de compromiso y reconocimiento. El propio equipo directivo involucró la participación de los empleados en la identificación de áreas de mejora y la implementación de soluciones.

## Logro de los premios de calidad

Gracias al esfuerzo conjunto del equipo directivo y de toda la organización, el IDAC obtuvo tanto el premio de calidad nacional como el premio internacional.

## Conclusión

De la experiencia en el IDAC destaco lo importante que es tener en la organización un líder con una claridad meridiana de hacia dónde quiere llevar a su organización. El ejemplo de este director general, su compromiso con el proyecto, involucrándose personalmente, permitió que todo su equipo directivo y el resto de la organización se involucrara con un nivel de compromiso brutal para conseguir los premios de calidad. Durante el proceso, hubo personas que salieron, personas que tuvieron que resolver relaciones inmaduras para conseguir trabajar codo con codo, mucho trabajo conjunto, mucha ilusión, aprendizaje y celebración de la superación de escollos durante el camino y del éxito colectivo.

En este proceso de transformación resaltó la importancia de la comunicación efectiva, el liderazgo participativo y el desarrollo de las personas en la gestión de equipos. Al involucrar a todos los niveles de la organización, pudimos crear un entorno de trabajo en el que la confianza, el compromiso, el trabajo duro y la calidad fueran valores fundamentales.

## 5.3. IMPLICAR EN LA TRANSFORMACIÓN CULTURAL PDVSA

En este caso, tuve la oportunidad de trabajar para el sector petrolero de Venezuela, en la empresa pública Petróleos de Venezuela (PDVSA). El desafío al que nos enfrentamos fue impulsar una transformación cultural que involucrara a todo el personal en una de sus unidades de negocio, en este caso, Exploración y Producción. Nos enfocamos en aplicar los principios del *management* más tradicionales y los relativos a la inteligencia emocional de Daniel Goleman, ya que comprendimos que para que las personas se identificaran con el nuevo proyecto, era necesario que se sintieran conectadas emocionalmente.

### Contexto y desafío

Tras un cambio brusco en la organización (en este libro no entraré en la descripción de este cambio, del que fue objeto mi tesis doctoral), se realiza una reestructuración organizativa, y nuevos líderes y equipos llegaron para asumir la gestión de las personas en las áreas de exploración y producción. Estos equipos poseían sólidos conocimientos técnicos en ingeniería del petróleo, pero carecían de experiencia en la gestión de personas. Reconocimos que era fundamental desarrollar un proyecto de acompañamiento que generara victorias tempranas y demostrara el impacto positivo tanto en la organización como en el bienestar de los empleados.

## Enfoque en las *soft skills*

Basándonos en los resultados del diagnóstico realizado, en el que usamos técnicas de investigación social aplicadas a la realidad empresarial, y apoyándonos en los principios de Daniel Goleman, diseñamos un plan de acción centrado en el desarrollo de habilidades directivas que permitiera a los nuevos gerentes mejorar su capacidad para gestionar personas y, en especial, a sus equipos más directos. La inteligencia emocional fue una de las habilidades angulares, imprescindible para comprender el contexto, la situación individual de cada persona y la evolución de la cultura de la organización. Esto permitiría a los directivos crear un vínculo emocional con los empleados, generando un sentido de pertenencia y compromiso hacia el nuevo proyecto de transformación cultural.

## Acompañamiento y victorias tempranas

Implementamos un proyecto integral que combinaba investigación, formación, consultoría de proyectos, *coaching* de equipo y evaluación del impacto. Este enfoque permitió medir el impacto de las acciones implementadas en la organización y las personas, conociendo los cambios producidos en el comportamiento de los propios directivos. El apoyo con la consultoría de proyectos de mejora permitió a esta unidad de negocio tener victorias tempranas cuantificadas económicamente, y cambios en la gestión de las áreas de trabajo que demostraron la eficacia de la transformación cultural. Estas victorias generaron un impacto positivo en el clima laboral y, al mismo tiempo, impulsaron el ahorro para la organización.

## Medición y seguimiento

Para evaluar el progreso y los resultados, establecimos métricas y realizamos mediciones tanto antes como después de implementar las acciones de transformación. Esto nos permitió obtener datos concretos sobre el cambio en los comportamientos de los directivos, su impacto en el clima laboral, el compromiso de los empleados y los ahorros logrados a través de las medidas implementadas. La medición y el seguimiento continuo fueron fundamentales para evaluar el éxito de la transformación y realizar ajustes necesarios en el camino.

## Conclusión

Este proyecto, de un año y medio de duración, me enseñó que la transformación cultural es necesaria llevarla a cabo día a día. La persistencia de estos directivos por cambiar el estilo de liderar, la forma en la que gestionar los equipos y su compromiso con transformar la organización ameritaba mucho esfuerzo interno y, además, un apoyo desde fuera que los ayudara a enfocarse, a dotar de habilidades y destrezas a sus directivos, que carecían de ellas, y a tomar conciencia de que es un trabajo que se realiza con las personas y para las personas de la organización. Ellos consideraron un éxito las acciones que implementamos con ellos, y significó replicar el modelo en otras unidades de negocio de PDVSA. Aquello fueron más de diez años de mi vida, maravillosos años. Gracias, Venezuela.

## 5.4. SINTONIZAR EQUIPOS MULTICULTURALES EN PROCESOS DE DESCENTRALIZACIÓN. ACCIÓN CONTRA EL HAMBRE

Acción contra el Hambre es una organización del tercer sector dedicada a combatir la desnutrición y la inseguridad alimentaria en diferentes partes del mundo. El desafío al que nos enfrentamos fue trabajar para mejorar las habilidades de uno de los colectivos de la ONG en el terreno con mayor carga operativa sobre los proyectos, los jefes de Base, con el fin de asumir cada vez más las riendas de los proyectos en el área geográfica en la que se encuentran, estando además en un contexto de transformación digital de la organización. Contribuir a que el proceso de descentralización y de transformación digital se produzca en un contexto multicultural, donde los equipos tenían ritmos y niveles de madurez digital diferentes, fue un gran reto.

## Contexto y desafío

Acción contra el Hambre en su estrategia de proporcionar un servicio profesional y de calidad y trabajar por erradicar el hambre en el mundo, desarrolla una estrategia de descentralización para agilizar el desarrollo de los proyectos, implicar a todos los *stakeholders* y dar respuesta a las necesidades de las comunidades de forma más rápida. Nos encontramos con la realidad de que los diferentes países y regiones tenían contextos y niveles de madurez gerencial diversos. Algunos equipos estaban más enfocados en la operativa diaria y tenían poca conciencia sobre el potencial de la tecnología para mejorar su desempeño profesional, y la descentralización significaba mayor trabajo para ellos.

## Crear conciencia y ajustar ritmos

La primera etapa consistió en conocer los diferentes ritmos. No es el mismo ritmo el de los equipos del área de África subsahariana que el de los países anglófonos o de los de América Latina. A partir de ahí encontramos melodías y ritmos diferentes que debimos tener en cuenta para diseñar las actividades que realizar. Junto con la dirección de formación y operativa, afinamos contenidos de las sesiones de trabajo de forma que pudiéramos abordar las temáticas para trabajar, en su idioma, en su nivel y con los mensajes claros de forma transversal.

## Definir una melodía base

Para sintonizar a los equipos, adoptamos un enfoque de colaboración y participación. Creamos espacios de diálogo y escucha activa para comprender las necesidades y desafíos específicos de cada equipo. A partir de ahí, identificamos una melodía base de tecnología y herramientas digitales que todos los equipos podían adoptar y adaptar según sus contextos y capacidades. Esto permitió una mayor cohesión y sinergia en el proceso de capacitación.

## Adaptación a cada lugar

Trabajamos en colaboración con los equipos locales para identificar las necesidades específicas y buscar soluciones a las problemáticas que planteaban en la gestión de sus proyectos y que se ajustaran a su contexto. Esto permitió un mayor sentido de apropiación y participación por parte de los equipos, fortaleciendo así el proceso de transformación.

## Conclusión

La experiencia resalta la importancia de sintonizar los equipos. Los miedos en los procesos de descentralización son grandes. En esta organización la capacidad técnica es altísima, el compromiso con el propósito inmenso, y, en ocasiones, los jugadores para ser ideales tienen que trabajar, como dice Lencioni, la humildad, el hambre y la empatía. Estos equipos trabajaron las tres. Al crear conciencia, ajustar ritmos y definir una melodía base adaptable a cada lugar, logramos concienciarlos y dotarlos de herramientas que les permitan recoger el testigo que la casa matriz (sede, en su lenguaje organizativo) les da en este proceso de descentralización. La colaboración y la participación de todos los miembros fueron fundamentales para comprender la variedad cultural y aprender unos de otros para asumir la responsabilidad de ser los protagonistas de la gestión de los proyectos en beneficio de cada una de las misiones que la organización tiene en el terreno.

## 5.5. MISMA MÚSICA, DISTINTO RITMO: ENFRENTANDO DESEQUILIBRIOS Y CONFLICTOS EN EL EQUIPO DE UNA *STARTUP*

En este caso, abordaremos el desafío de gestionar un equipo en el que los miembros comparten un objetivo claro y un modelo de negocio definido y que también, debido a sus antecedentes y perspectivas individuales, cada miembro del equipo tiene diferentes niveles de riesgo, compromiso, dedicación y motivación. Es el caso de algunas de las *startups* para las que he trabajado.

Esta disparidad, a veces, genera desequilibrios en el sistema del equipo y, en última instancia, conflictos.

### Reconocimiento del desafío

Cuando me pidió ayuda uno de los integrantes de esta *startup* tecnológica, una de las primeras cosas que me quedó clara es que el sistema entre ellos estaba en desequilibrio: no había la misma pasión, ni la misma dedicación (en tiempo y recursos), ni eran sinceros a la hora de expresar lo que sentían en relación con los demás (todo por el proyecto) y, a algunos de ellos, esto ya les pesaba. Ya se había producido algún enfrentamiento, y uno de los socios toma la iniciativa para tratar de resolver la situación antes de llegar a mayores.

Tenían la misma música (el objetivo, el plan de negocio, el público objetivo, querían crecer) y diferentes ritmos (no todos estaban al 100% en el proyecto, le dedicaban el tiempo que les dejaban sus otras ocupaciones, o estaba en la prioridad n.º 12 de su lista). Las emociones que afloran son muchas, y pocas las veces en las que se sentaban y hablaban sobre cómo se sentían con el devenir del proyecto. Afloraban pequeñas cosas. No se mostraban vulnerables, y, por tanto, no sabían pedir (unos) o recibir (otros), así que la sincronización del equipo era escasa y esto impactaba en la posibilidad de alcanzar el éxito colectivo.

## Comunicación abierta y expresión emocional

Fue crucial crear un ambiente de confianza y apertura donde los miembros del equipo se sintieran seguros para expresar sus inquietudes, emociones y perspectivas individuales. Realizamos reuniones regulares para discutir los desequilibrios y conflictos, permitiendo que las emociones afloraran de manera constructiva. Este enfoque nos ayudó a comprender mejor las motivaciones y preocupaciones de cada individuo, creando una base para encontrar soluciones colaborativas.

## Toma de decisiones y ajustes

Con una comprensión más profunda de las diferencias en los ritmos individuales, nos centramos en la toma de decisiones colectivas que equilibraran las necesidades y expectativas de todos los miembros del equipo. Identificamos áreas en las que era necesario realizar ajustes, ya sea en términos de asunción de riesgos, dedicación o compromiso. Estas decisiones fueron respaldadas por la comunicación abierta y la expresión emocional, lo que permitió un mayor nivel de aceptación y compromiso por parte de todos.

## Encajar el ritmo entre los miembros y el mercado

Entendimos que no se trataba solo de sintonizar el ritmo entre los miembros del equipo, sino también de que fueran capaces de adaptarse al ritmo del mercado. Esto implicaba comprender las demandas y necesidades del entorno empresarial y ajustar nuestras estrategias y acciones en consecuencia. El equipo logró un mayor equilibrio y un mejor rendimiento general.

## Conclusión

Este enfoque de misma música, distinto ritmo nos enseña la importancia de la comunicación abierta, la expresión emocional y la toma de decisiones colaborativa. Al reconocer y abordar las diferencias individuales en términos de riesgo, compromiso y motivación, encontramos la forma de equilibrar las necesidades individuales y grupales para caminar hacia el éxito. Además, la adaptación al ritmo del mercado fue esencial para asegurar que las acciones del equipo estuvieran alineadas con las demandas y necesidades cambiantes.

En este contexto, la inteligencia emocional y la paciencia jugaron un papel fundamental. Una vez que logramos superar los desequilibrios iniciales del equipo, promovimos un entorno colaborativo y armonioso. Al abrazar la diversidad de ritmos y encontrar un equilibrio entre las necesidades individuales y las demandas del mercado, contribuimos a la construcción de un equipo sólido y resiliente capaz de alcanzar el éxito en entornos de rápido cambio y transformación.

# Epílogo

«Las personas son lo más importante en las organizaciones» es una de las frases más repetidas en los últimos tiempos. Y yo lo creo firmemente. Aprender cómo gestionarlas, cómo tratarlas, cómo entenderlas y comprenderlas, cómo darles lo que necesitan o cómo comunicarse con ellas para que la relación se convierta en largo plazo es donde, a mi juicio, está el epicentro de esta frase.

A lo largo de mi vida, me he encontrado con personas que en sus empresas han creído firmemente en esta afirmación. Sin embargo, la cultura organizativa no acompañaba lo suficiente como para invertir en las personas y darles lo que necesitaban para desempeñar su trabajo de forma eficiente y con la calidad adecuada. También me he encontrado con otras personas que ocupaban puestos de responsabilidad y no creían demasiado en la fuerza y el empuje de su equipo. Estas mismas personas se han sorprendido por la respuesta que sus equipos les han dado, cambiando la mirada. Como repito en las conferencias, lo que la gente quiere es que los quieras. La gente quiere amor y quiere sentirse apreciada, valorada, que los demás tengan una mirada apreciativa sobre ellos. Uno de los objetivos de este libro era transmitir cuán importante es creer en las personas, invertir en ellas, darles la oportunidad de errar y aprender, porque al mismo tiempo uno mismo aprende también.

Conectar los equipos y la música ha sido un viaje increíble porque me ha llevado a revivir otros momentos de mi vida donde observaba a las personas, sus comportamientos, su coherencia y cómo se relacionaban. Conocer las motivaciones de la gente para entender su comportamiento me ha llevado a estudiar e investigar sobre ello, y me fascina seguir aprendiendo sobre el comportamiento de los grupos, de los equipos…, en definitiva, de las personas. Me atrae cada vez más cómo trabaja nuestro cerebro y nuestro nivel inconsciente, y la potencia que puede llegar a tener en nuestras acciones. He de reconocer que, debido a mi perfil, mi pasión son los grupos, y observar el viaje que realizan para transformarse en un equipo es maravilloso, especialmente si además tú estás en el proceso, ya sea como facilitadora, *coach* o integrante de este.

La música es para mí un elemento que me llena de energía unas veces y otras de consuelo. Es impresionante el poder que tiene para conseguir que las personas se movilicen y cambien incluso de energía. La sintonía en los equipos es imprescindible para conseguir que funcionen a toda máquina y puedan convertirse en ese equipo que deseas.

Confío en que este libro, en el que he hecho un repaso de los autores/as de los que yo aprendo, combinado con la música y la trayectoria de grupos, haya sido, cuando menos, entretenido y, tal vez, útil y práctico para algunos de vosotros/as.

Con amor,
Sandra Martín.